서 비 스 실 패

: 어떻게 회복할 것인가?

서 비 스 실 패

: 어떻게 회복할 것인가?

김 립 인 著

한국학술정보㈜

머 리 말

현대사회는 제품중심의 물질경제가 아니라 서비스산업사회이다. 정보통신기술의 발달로 인해 많은 신종 서비스가 등장하였고, 다양해진 소비자욕구를 충족시키기 위해 기존 제공되던 서비스도 점차 전문화, 고급화, 다양화되고 있다. 뿐만 아니라 전통적인 제조 기업들도 기술적으로 향상된 제품을 제공하는 것만으로는 경쟁에서 승리할 수 없는 것을 깨닫고 많은 서비스 활동을 하고 있으며 서비스기업으로의 전환이 가속화되고 있다. 이와 같은 현상들로 인해 앞으로 서비스 영역에서의 기업경쟁이 더욱더 치열해질 것으로 예상된다.

치열한 서비스경쟁에서 승리하기 위해 고객을 만족시킬 수 있는 완벽한 서비스를 제공해주어야 한다. 그러나 서비스는 물적 제품과는 달리 무형성, 비분리성, 이질성, 소멸성 등의 독특한 특성을 가지고 있기 때문에 실패할 가능성이 상대적으로 높다. 따라서 서비스 기업은 초기의 서비스품질을 향상시키기 위한 노력과 함께 서비스실패의 불가피성을 인식하고 문제발생 시 효과적인 서비스회복 전략이 절대적으로 필요하다. 서비스회복을 통해 문제를 인식하고 해결함으로써 실패로부터의 학습이 가능하며 불만고객을 다시 만족고객으로 전환시킬 수도 있기 때문이다.

지난 20년 동안 서비스마케팅 분야의 연구는 대부분 서비스품질에 초점을 맞추어 이루어졌으나, 서비스실패 및 회복에 관한 연구는 그 중요성에도 불구하고 상대적으로 관심을 받지 못했다. 따라서 본 연구에서는 서비스실패와 회복상황에서의 고객만족과정을 보다 명확하고도 포괄적으로 설명할 수 있는 통합적 모형을 개발하였으며, 항공서비스를 대상으로 한 실증분석을 통해 고객만족에 영향을 미칠 수 있는 서비스실패와 회복 관련요인 및 영향효과를 확인하고자 하였다.

이를 위해 서비스실패와 회복전략, 고객만족/불만족, 항공서비스의 개념과 특성, 귀인이론, 공정성이론, 기대불일치이론, 고객의 불평행동 등에 관해 폭넓게 고찰하였으며, 서비스실패와 회복상황에서의 고객만족에 영향을 미치는 구체적인 요인들을 확인하여 선별하고 이들 간의 관계를 정립하였다. 문헌연구 결과를 토대로, 연구모형과 거설을 설정하여 이를 검정하기 위한 실증분석을 실시하도록 하였다. 실증분석은 시나리오를 포함한 설문지를 이용하여 항공서비스 이용자에 대해 설문조사를 실시하였으며 SPSS10.0과 AMOS4.0 통계패키지를 이용하여 데이터분석을 수행하였다.

본 연구는 전체 5장으로 구성되어 있다. 제1장은 서론으로 문제제기를 통해서 연구의 필요성을 제시하고, 연구목적, 연구방법 및 연구의 구성에 대하여 서술하였다. 제2장은 서비스실패와 회복노력에 관한 선행연구들을 고찰하여 서비스실패 및 회복의 정의와 분류, 실패의 원인 및 심각성, 서비스회복의 수단, 그리고 항공서비스의 개념과 특성 등에 대하여 살펴보았다. 또한 서비스실패와 회복상황에서의 고객만족에 관한 선행연구들을 검토하고, 특히 기대불일치 이론, 공정성이론, 그리고 귀인이론에 대한 서비스실패와 회복상황에서의 고객만족 연구에의 적용 가능성 및 타당성에 대하여 살펴보고 서비스실패와 회복이란 특수상황에서의 통합된 고객만족모델을 도출하는 데에 있어 이론적 근거를 제시하였다.

제3장은 문헌검토를 토대로 연구모형 및 실증분석에서 검정해야 할 가설을 설정하였다. 또한 실증분석에 앞서서 측정변수에 대한

조작적 정의, 시나리오의 개발 및 설문지 구성, 표본조사방법 및 자료의 분석방법 등에 대하여 구체적으로 설명하였다. 제4장은 수집된 자료의 통계처리를 통해 연구모형을 평가하고 가설을 검정하여 그 결과를 분석하였다. 제5장은 연구결과를 요약·정리하고, 연구결과가 가지는 마케팅 이론적인 의의와 실무적인 측면에서의 의의를 제시하였으며 또한 본 연구가 갖는 한계점과 향후의 연구방향을 제시하였다.

목 차

표 목차

그림 목차

제1장 서 론

제1절 연구배경

서비스는 물적 제품과는 달리 무형성, 비분리성, 이질성, 소멸성 등의 독특한 특성을 가지고 있기 때문에 실패할 가능성이 상대적으로 높다(Berry and Parasuraman, 1991). 실패의 불가피성으로 인해 서비스 조직들은 서비스실패의 원인규명을 통한 회복(recovery)의 필요성과 이에 따른 효과를 지각할 수 있다(Johnston, 1995). 물론 서비스실패에 대한 회복이 고객과의 관계를 형성하는 데 있어 항상 효과가 있는 것은 아닐지라도 서비스실패 문제를 인식하고, 이를 해결함으로써 지속적으로 고객을 확보하고자 하는 서비스 기업들에게는 좋은 기회를 제공할 수 있다. 이와 같이 서비스실패에 대한 회복은 고객 불만족을 고객만족으로 전환시키는 성공적인 도구로서 학자들과 서비스 관리자들에게 매우 중요한 관심사이다. 많은 서비스 마케팅 문헌들 역시 서비스접점에서의 고객만족, 고객유지, 서비스 재구매 의도, 그리고 호의적인 구전의도와 관련해서 서비스실패에 대한 회복의 중요성을 강조하고 있다(Hart, Heskett and Sasser, 1990; Zeithaml, Berry and Parasuraman, 1996).

항공서비스산업의 경우 항공기라는 하드웨어(hardware)를 이용하여 설정된 항공노선을 비행하면서 승객을 친절히 모시고 안전하게 목적지까지 운송해주는 대가로 징수한 운임으로 수익을 얻는 영업활동을 행한다. 이때 승객은 운송서비스를 구입하지만 그들이 목적지에 도착했을 때는 구매대가로 받는 유형재(有形材)는 아무 것도 없고 단지 비행 중에 경험한 안락함, 편안함, 친절상 등만을 간직하게 된다. 따라서 항공사의 주된 속성은 서비스이고, 이것을 보조하기 위해 항공기라는 유형재를 이용하는 것이기 때문에 항공서비스는 무형성이 지배적인 서비스상품이라고 할 수 있다. 또한 정기적인 운항 스케줄상에서 제공되는 항공서비스는 해당 운항 편에서 모두 소화하지 못하면 판매기회가 상실되고 기회손실을 발생시키는 재고 불가능성, 항공서비스를 구매 후 구매대가로 받는 유형재란 아무 것도 없다는 소유권 비이전성, 서비스품질 측정의 곤란성 등 여러 특성 때문에 다른 서비스산업보다 실패가 쉽게 일어난다. 또한 항공서비스에 있어서 갑작스런 기상악화나 정비문제, 그리고 다른 기타 요소들로 많은 예상치 못한 문제들이 가장 많이 일어나는 산업이라고 해도 과언이 아니므로 완벽한 프로그램을 구축하여도 항상 우수한 서비스 품질수준을 유지하는 것이 쉽지 않다. 한편 현재 집단 이기주의의 사회적 분위기가 고조되어 조금의 손해나 불이익에도 집단의 힘을 모아 권익을 주장하는 시대임을 부인할 수 없다. 따라서 항공서비스의 이러한 특성을 고려할 때 항공사로서는 타 서비스업종보다 실패가 쉽게 일어날 것이며 이에 따른 고객불만을 해소하고 고객만족을 확보하기 위해 서비스실패에 대한 회복전략을 더욱 강조할 필요가 있다.

그러나 지난 20년 동안 서비스마케팅 분야의 연구는 대부분 서비스품질의 측정도구(SERVQUAL) 개발(Parasuraman, Zeithaml and Berry, 1985), 서비스품질의 행동적 결과(Zeithaml et al., 1996) 및 서비스품질 인지와 고객만족 간의 상관관계(Zeithaml, Berry and Parasuraman, 1993) 등에 초점을 맞추어 행해져 왔다. 서비스실패 및 회복에 관한 연구는 그 중요성에도 불구하고 상대적으로 관심을 받지 못했다. 서비스실패와 회복에 관한 초기의 연구들은 대부분 그 유형을 분류하거나, 서비스실패에 대한 회복이 고객만족에 미치는 영향을 지지해 주는 사례들을 제시하는 정도였다. 최근 들어 서비스실패와 회복에 관한 대부분의 연구들은 기대불일치이론, 귀인이론 등과 같은 이론들을 이용하여 소비자의 불만족한 행동의 원인과 예측에 관련된 것을 다루고 있다. 또한 조직이론에서 많이 다루고 있는 공정성 이론을 서비스실패와 회복에 적용하는 시도도 이루어지고 있다. 서비스실패와 회복에 관한 기존연구들은 서비스실패와 회복과정에 관한 고유의 이론 정립과 문제 제기적인 성격이 강하며, 이와 관련된 연구모형의 개발은 아직까지 매우 미흡한 실정이다. 특히, 대상기업을 호텔, 외식업체, 은행, 병원 등에 적용한 연구는 있으나 항공사를 대상으로 한 서비스실패와 회복상황에서의 고객만족에 관한 연구는 국내에 거의 없어 이번 연구가 항공사의 서비스실패에 대한 회복프로그램을 통한 고객만족확보 및 고객지향적 경영전략의 실천에 도움을 주리라 본다.

제2절 연구 목적

Mocollough, Berry and Yadav(2000)는 서비스실패와 회복상황에서 회복불일치개념을 도입하였으며, 기대불일치이론의 서비스실패와 회복상황에서의 적용가능성을 제안하였다. 그러나 기대불일치이론은 비록 서비스실패와 회복상황에서의 고객만족과정에 대한 설명으로서의 의의는 지니고 있지만 서비스실패와 회복상황에서 세부적으로 어떠한 요인들이 고객의 회복에 대한 기대, 회복의 성과지각, 그리고 회복의 불일치 정도에 작용하여 만족에 기여하는가라는 문제점을 지니고 있다. 즉, 기대불일치이론의 접근은 회복의 기대 수준, 지각된 회복성과 수준이 각각 어떠한 요인들에 의해 결정되는 것에 대하여 세부적으로 밝히지 않고 있다.

Goodwin and Ross(1992)는 서비스실패와 회복상황에서의 고객만족에 대한 연구에 공정성이론의 접근을 시도하였으며 최근에 주류를 이루고 있다. 그러나 공정성이론의 적용은 서비스회복상황에서의 고객만족에 영향을 줄 수 있는 세부적인 요인들이 무엇인지에 대한 중요한 시사점을 제공하고 있지만 공정성의 측정과 관련하여 일반화될 수 없는 문제점을 지니고 있다. 즉, 서비스회복노력에 대한 공정성 지각에 있어서 가장 중요한 원칙은 형평의 원리이다. 이는 고객이 서비스회복성과를 평가함에 있어서 자신과 비슷한 상황의 고객이 받은 서비스회복성과와 비교하거나, 과거의 경험을 기초로 하여 만족을 결정한다는 것이다. 그러나 현실적으로 볼 때 이러한 경우는 일반적이지 않다. 즉 비교대상이 될 수 있는 다른 고객을 접하지 못할 수도 있으며 또 과거에 유사한 경험을 하지 않은 상태에서 회복 서비스를 평가해야 하는 경우도 있다. 이러한 관점에서 본다면 서비스회복상황에서의 고객만족에 대한 설명으로는 기대불일치이론은 보다 일반적이라고 하겠다. 왜냐하면 유사한 서비스회복 경험이 있는 고객이나 경험이 없는 고객 모두에게 공통적으로 적용될 수 있는 심리적 요인은 기대 수준의 차이이기 때문이다. 이것은 실증연구를 통해 확인되었으며 서비스실패와 회복상황의 고객만족에 대해 설명하는 정도에 있어서 기대불일치모형이 상대적으로 더 우수한 것으로 나타났다(이호정, 2002).

따라서 본 연구에서는 서비스실패와 회복상황에서의 고객만족과정을 보다 명확하고도 포괄적으로 설명하기 위해, 기대불일치이론의 접근을 바탕으로 공정성 이론에서 제시된 여러 요인들을 회복성과 지각에 영향을 미치는 독립변수로 포함시키고, 서비스실패의 심각성 지각과 실패에 대한 원인추론 등을 동시에 고려하여 서비스실패와 회복이란 특수한 상황에서의 고객만족모형을 확장시키고자 한다. 즉, 위에서 언급한 두 가지 이론이 지니고 있는 각각의 기여점을 통합함으로써 포괄적인 고객만족모형을 도출하고 서비스실패 및 회복노력과 고객만족의 관계를 파악하고자 한다. 구체적으로 본 연구의 목적은 다음과 같다.

첫째, 서비스실패와 회복상황에서의 고객만족과정을 설명하는 데 있어서 기대불일치이론접근의 적용 가능성 및 타당성은 이미 많은 기존연구를 통해 검증되었다. 따라서 본 연구에서는 기대－불일치패러다임을 바탕으로 하여 2가지 차원에서의 회복노력, 귀인추론, 서비스실패의 심각성 등을 동시에 고려한 서비스실패와 회복상황에서의 고객만족과정을 설명할 수 있는 포괄적인 모형을 제시하고자 한다.

둘째, 서비스실패의 심각성, 서비스실패에 대한 원인추론이 서비스회복에 대한 기대 수준과 서비스접점에서의 고객만족수준에 어떠한 영향을 미치는지를 파악하고자 한다.

셋째, 공정성이론을 기초로 해서 항공사의 회복노력이 2가지 차원에서 이루어진다고 보고 이러한 2가지 차원에서의 회복노력이 고객의 지각된 회복성과 수준과 고객만족수준에 미치는 영향을 규명하고자 한다.[1]

---

1) 공정성이론에서 제시한 3가지 차원의 공정성은 결과적 차원의 공정성 (distributive justice), 과정적 차원의 공정성(procedural justice), 상호작용적 차원의 공정성(interactional justice)이다. 본 연구에서는 통계 기술적인 한

넷째, 이러한 포괄적인 모형을 토대로 하여 회복기대 수준, 회복성과 수준, 그리고 그들의 차이인 회복불일치 수준이 고객만족에 미치는 영향을 파악하고자 한다.

제3절 연구 방법 및 구성

앞에서 언급한 본 연구의 목적을 달성하고자, 항공서비스의 개념과 특성, 서비스실패와 회복노력, 공정성이론, 기대불일치이론, 귀인이론, 그리고 고객만족과 관련된 문헌연구와 함께 실증연구를 병행하여 실행하였다.

먼저, 문헌연구를 통해 서비스실패와 회복전략, 고객만족/불만족, 항공서비스의 개념과 특성 등에 관해 폭넓게 고찰함으로써, 서비스실패와 회복상황에서의 고객만족 모형이 기대-불일치 패러다임 하에서 서비스회복에 대한 기대와 지각된 회복성과에 영향을 미치는 구체적인 요인들을 포함시켜 확장되어야 하는 이론적 근거를 제시하고자 하였다. 아울러 선행연구 결과에 의하여 서비스실패에 대한 원인추론과 서비스실패의 심각성을 회복기대 수준에 영향을 줄 수 있는 독립변수로 선정하여 공정성 이론에서 제시된 결과차원에서의 회복노력과 과정 차원에서의 회복노력이 모두 지각된 회복성과에 영향을 줄 수 있는 독립변수로 선정하였다.

이상의 문헌연구 결과를 토대로, 본 연구에서의 연구모형을 설정

계 때문에 과정 차원과 상호작용 차원을 통합해 과정적 차원에서의 회복노력으로 단일화시키기로 했다. 즉, 서비스회복노력은 결과와 과정 두 가지 차원에서 이루어진다고 보는 것이다.

하고 이로부터 실증분석에서 검증해야 할 가설들을 설정하였다. 가설의 설정은 서비스실패에 대한 원인추론 및 서비스실패의 심각성과 회복기대의 관계, 두 가지 차원에서의 회복노력과 지각된 회복성과 간의 관계, 회복기대, 회복성과 및 회복불일치가 고객만족에 미치는 영향관계 등의 순서로 이루어졌다.

다음으로 실증분석을 통해 설정된 연구가설들을 검증하였다. 우선 천안 소재 N대학교의 남녀 학생 80명을 대상으로 2003년 6월 1일~10일 10일 사이에 예비조사를 실시하였다. 예비조사결과에 따라 시나리오 내용을 수정하고 일부 부적절한 설문 항목을 수정하여 응답이 용이하도록 설문지를 다시 구성하였다. 본 조사는 2003년 8월 20일~30일 10일 사이에 대전·서울·광주·인천·대구·춘천·천안·부산 등 지역에 거주하는 대학생, 공무원, 직장인과 주부 등을 대상으로 판단적 표본추출방법을 이용하여 표본을 추출하였다. 설문지는 각 시나리오별 20부씩 총 320부를 배포하여, 280부를 회수하였고 응답이 불성실한 24부를 제외한 256부(각 시나리오별 16부씩)를 최종 분석 대상으로 하였다. 본 연구에서는 설정된 가설을 검정하기 위해 SPSS10.0 for Windows와 AMOS4.0 for Windows를 사용하여 자료를 처리·분석하였다.

본 연구는 다음과 같이 총 5장으로 구성되어 있다.

제1장은 서론으로 문제 제기를 통해서 연구의 필요성을 제시하고, 연구목적, 연구방법 및 연구의 구성에 대하여 서술하였다.

제2장은 서비스실패와 회복노력에 관한 선행연구들을 고찰하여 서비스실패 및 회복의 정의와 분류, 실패의 원인 및 심각성, 서비스회복의 수단, 그리고 항공서비스의 개념과 특성 등에 대하여 살펴보았다. 또한 서비스실패와 회복상황에서의 고객만족에 관한 선행

연구들을 검토하고, 특히 기대불일치 이론, 공정성이론, 그리고 귀인이론에 대한 서비스실패와 회복상황에서의 고객만족 연구에의 적용 가능성 및 타당성에 대하여 살펴보고 서비스실패와 회복이란 특수상황에서의 통합된 고객만족모델을 도출하는 데에 있어 이론적 근거를 제시하였다.

제3장은 문헌검토를 토대로 연구모형 및 실증분석에서 검정해야 할 가설을 설정하였다. 또한 실증분석에 앞서서 측정변수에 대한 조작적 정의, 시나리오의 개발 및 설문지 구성, 표본조사방법 및 자료의 분석방법 등에 대하여 구체적으로 설명하였다.

제4장은 수집된 자료의 통계처리를 통해 연구모형을 평가하고 가설을 검정하여 그 결과를 분석하였다.

제5장은 연구결과를 요약·정리하고, 연구결과가 가지는 마케팅 이론적인 의의와 실무적인 측면에서의 의의를 제시하였으며 또한 본 연구가 갖는 한계점과 향후의 연구방향을 제시하였다.

이와 같은 본 연구의 구성과 흐름을 전체적으로 살펴보면 다음의 〈그림 1-1〉과 같다.

〈그림 1-1〉 연구의 구성과 흐름

제1장 서 론

↓

제2장 이론적 배경		
제1절 서비스실패와 회복에 대한 이론적 고찰	제2절 고객만족에 대한 이론적 고찰	제3절 항공서비스에 대한 고찰

↓

제3장 실증연구 설계		
제1절 연구모형	제2절 연구가설	제3절 연구조사설계

↓

제4장 실증분석 결과		
제1절 표본의 일반적 특성	제2절 신뢰성 및 타당성 검증	제3절 연구모형의 평가 및 연구가설의 검정

↓

제5장 결 론

제2장 이론적 배경

제1절 서비스실패와 회복에 대한 고찰

1. 서비스실패의 정의

서비스마케팅 학자들이 서비스실패의 본질, 분류 및 원인 등에 대하여 많은 연구를 해왔으나, 서비스실패에 대한 일치된 정의는 아직 내려지지 않고 있다. 불일치 패러다임을 적용함에 있어, Bell and Zemke(1987)는 서비스실패를 고객의 기대 이하로 심각하게 떨어지는 서비스 결과를 경험하는 것으로 정의하고 있으며, Gronroos(1988)는 서비스실패를 소비자가 서비스를 구매하거나 소비할 때 그 서비스가 기대된 성과나 효용을 제공하지 못하는 경우라고 정의하고 있다. 유사하게 Parasuraman, Berry and Zeithaml(1991)과 Zeithaml et al.(1993)은 서비스실패란 서비스 성과가 고객의 인지된 인내영역 (perceived zone of tolerance) 이하로 떨어진 상태라고 정의하고 있다. 인내영역이란 고객이 원하는 정도의 서비스와 적당하다고 생각되는 정도의 서비스 사이의 영역을 의미하며, 또한 적당하다고 생각되는 정도의 서비스란 고객이 예상하는 서비스를 의미한다. 따라서 고객이 예상한 서비스보다 못한 서비스를 제공받는 것은 바로 서비스실패를 의미한다고 볼 수 있다.

또한 Hesketle, Sasser and hart(1990)는 소비자의 감성적인 차원에서 서비스 과정이나 결과에 대하여 서비스를 경험한 고객이 좋지 못한 감정을 갖는 것이 서비스실패라고 정의하고 있으며 Johnston(1995)은 서비스 과정이나 결과에 있어서 무엇인가 잘못된 것(something wrong)을 서비스실패라고 정의하고 있다. 이는 서비스실패는 단지 서비스의 결과(성과)에서 일어나는 것이 아니고 서비스를 제공하는 과정에서도 일어날 수 있으며 소비자의 인지적 차원과 감성적 차원에서 전반적으로 서비스실패를 이해하여야 한다는 것을 제시해주고 있다.

서비스실패의 책임소재와 관련하여 Berry and Parasuraman (1991)은 서비스실패를 책임이 분명한 대상의 과실로 인하여 초래된 서비스 과정이나 결과에 대한 과실이라고 보고 있으며 천재지변과 같은 불가항력적인 문제는 서비스제공자의 과실이 아니기 때문에 서비스실패라고 볼 수 없다고 주장하였다. 반면에 Heskette, Sasser and Hart(1990)와 Johnston(1995)은 서비스실패는 문제의 원인이 무엇이든 간에 서비스제공자가 서비스실패에 대하여 회복을 하여야 하며 더 광범위한 의미에서 서비스실패를 보고 있다.

〈표 2-1〉 서비스실패의 정의

연구자	정 의
Gronroos(1988)	소비자가 제품이나 서비스를 구매하거나 소비할 때 그 제품이나 서비스가 기대된 성과나 유용성을 제시하지 못하는 것
Heskette et al.(1990)	서비스 과정이나 결과에 대하여 서비스를 경험한 고객이 좋지 못한 감정을 갖는 것
Parasuraman et al. (1991)	고객이 지각하는 인내영역 이하로 하락하는 서비스성과
Johnston(1995)	책임의 유무와는 관계없이 무엇인가가 잘못되어 있는 경우
Weun(1997)	서비스 접점에서 고객 불만족을 야기하는 열악한 서비스경험

자료원: 연구자가 선행연구를 요약 작성

한편, Weun(1997)은 서비스접점에서 고객 불만족을 야기하는 열악한 서비스 경험을 말하는 것으로 서비스를 공급하는 동안 일어나는 여러 실수들, 고객에 대한 서비스의 약속 불이행, 혹은 여러 형태의 서비스 오류 등을 서비스실패에 포함해야 된다고 주장하였으며 서비스실패의 정의를 확장시켰다. 따라서 이러한 연구들을 종합하여 볼 때 서비스실패란 고객과 기업의 상호작용에 있어 고객의 기대와 지각된 서비스성과 간의 차이로 인한 인지적 혹은 정서적 불만족의 반응이 초래된 상태라고 볼 수 있다. 서비스실패에 대한 정의를 정리하면 〈표 2-1〉과 같다.

2. 서비스실패의 유발요인 및 유형

Bitner, Bernard and Mary(1990)는 중요사건법(critical incident technique)을 사용하여 항공사, 호텔, 레스토랑에서 고객이 만족한 상황과 불만족한 상황에 대한 700건에 달하는 사례를 수집하여 분류하는 연구를 하였다. 이 연구에서는 상당부분의 고객 불만족이 서비스 전달과정에서 발생한 초기의 실패에 의해서 뿐만 아니라 그 실패에 대한 종업원의 반응에 의해 발생한다는 점을 지적하였다.

Hoffman, Kelley and Rotalsky(1995)는 중요사건법을 이용해 소매상의 실패와 회복을 검토하여 고객 불만족과 소매상의 반응을 조사하였다. 이 연구에서는 15개의 서비스실패 유형을 도출하고 크게 3가지로 분류하였다. 첫째, 서비스제공 시스템상에서의 실패범주로 이에는 고객이 불공평한 것으로 지각하는 정책적 실패, 지연되거나 접근이 어려운 서비스에 의한 실패, 가격시스템의 실패, 잘못된 정보제공으로 인한 실패 등이 포함된다. 둘째, 고객 요구에 대한 반응

실패의 범주로서 특별주문이나 요구와 관련된 실패 및 허용된 소비자의 실수 등이 있다. 셋째, 부주의하고 쓸데없는 종업원의 행동의 범주로써 종업원의 무관심이나 불친절에 의한 실패, 가격을 잘못 부과하는 실패 등이 포함된다.

Mack, Mueller, Crotts and Broderick(2000)도 중요사건법을 사용하여 레스토랑에서의 서비스실패 상황을 수집하여 그 빈도를 조사한 결과 조리사/주방의 실수가 39.0%, 홀 종업원의 실수가 27.3%, 이유 없이 느린 서비스가 20.9%로 가장 빈번하게 지적된 불만사항이었다. 즉, 레스토랑에서 주로 야기된 불만 요인들은 불가피한 경우는 적었고 대개 시스템 정비를 통해 해결 가능한 것이었다. 이는 고객들의 불만족을 줄일 수 있는 가능성이 충분히 있다는 것과 불만 사항을 체계적으로 조사하는 것이 시스템 개선에 도움이 될 수 있음을 시사하고 있다. 또한, 윤성욱, 황경미(2002)는 국내 최초로 중요사건법을 이용한 서비스실패와 회복에 관한 연구에서 11개 서비스실패 유형을 Hoffman et al.(1995)의 연구와 똑같이 3가지 그룹으로 분류하여 그 빈도를 조사한 결과 서비스 제공시스템의 실패는 56.6%, 즉각적이지 않고 문제해결을 해주지 않는 종업원의 행위는 40.5%로 전체 실패의 97%에 달한다고 했다. 이는 Bitner et al.(1990)의 연구와 유사한 결과로 초기의 서비스실패뿐만 아니라 서비스실패에 대한 효과적이지 못한 문제해결도 서비스접점에서의 고객불만족을 유발하는 주된 요인이며 실패에 대한 효과적인 회복 노력의 중요성을 시사하고 있다.

서비스실패에 대한 또 다른 분류는 실패상황의 유형에 따른 것이다. Parasuraman, Zeithaml and Berry(1988)는 서비스접점의 결과적 영역(outcome dimensions)과 과정적 영역으로(process dimensions)

나누어 분류하였다. 결과 영역은 고객이 실제 서비스로부터 받는 것을 의미하는 반면, 과정 영역은 고객들이 어떻게 서비스를 받는가, 즉 서비스가 전달되는 방식을 의미한다. 따라서 서비스실패는 이러한 서비스의 구성 차원에 의거하여 결과에 있어서의 서비스실패와 과정에 있어서의 서비스실패로 나눌 수 있다(Bitner et al., 1990; Hoffman et al., 1995; Keavenery, 1995; Smith, Bolton and Wagner, 1999). 결과적 실패(outcome failure)는 기업이 기초적인 서비스 요구에 부응하지 못하거나 핵심적인 서비스를 수행하지 못하는 것인 반면, 과정적 실패(process failure)는 핵심적인 서비스의 전달이 어떤 방식으로든 잘못된 경우를 말한다. Keaveney(1995)는 고객이 상표전환이나 점포전환을 하는 이유를 가격, 불편함, 핵심서비스실패, 서비스상황의 실패로 구분하였다. 여기에서 핵심서비스의 실패는 주문오류, 계산서 착오 등의 결과적 실패를 의미하고, 서비스 상황의 실패는 종업원의 불친절, 무반응, 무관심 등의 과정적 실패를 말한다.

<표 2-2> 서비스실패의 유형

연구자	실패유형	내 용
Hoffman, Kelley and Rotalsky(1995)	*종업원의 반응과 방법과 관련된 실패	정책실패, 지연되거나 접근이 불가능한 실패, 가격시스템의 실패, 포장실수, 재고부족, 제품 결함, 보관 및 예약실수, 수선과 수리와 관련된 실패, 잘못된 정보제공
	*고객의 필요와 요구와 관련된 실패	특별주문 요구, 허용된 소비자의 실수
	*부주의하거나 쓸데없는 종업원의 반응	가격 잘못 부과, 고객에 대한 절도혐의, 종업원의 그릇된 판단으로 소비자가 당황하는 경우, 무관심, 불친절
Parasuraman et al.(1998)	*결과적 차원	최초의 서비스 제공 상황과 서비스 회복에서 모두 발생
	*과정적 차원	
Berry and Parasuraman (1991)	*결과적 차원	초기의 서비스 제공 상황
	*과정적 차원	서비스 회복상황
Bitner, Booms and Tereanlt(1990); Hoffman, Kelley and Rotalsky(1995); Keavenery (1995)	*결과적 실패	핵심서비스실패
	*과정적 실패	주변서비스실패
Keavenery(1995)	*가격	고가격, 가격상승, 불공정한 가격 산정
	*불편	서비스를 제공받는 장소, 서비스제공 시간, 예약을 위한 대기시간의 불편
	*핵심서비스실패	서비스제공자의 업무실수, 계산상의 오류
	*서비스상황의 실패	서비스제공자의 무례함, 전문성 부족, 고객에 대한 무관심

자료원: 연구자가 선행연구를 요약 작성

한편 Bitner, Booms and Mohr(1994)은 중요사건법을 이용해 항공사, 호텔, 레스토랑에서 고객의 만족과 불만족 상황에 대한 조사연구는 종업원들은 서비스실패의 원인을 자신들의 탓으로 돌리기보

다는 서비스 제공시스템의 실패나 문제고객의 행동 등 외부 탓으로
돌리는 경향이 있음을 밝혔다. 서비스실패의 유형을 정리하면 〈표
2-2〉와 같다.

3. 서비스실패의 심각성

Zemke and Schaaf(1990)는 서비스실패의 정도에 따라서 "불편
한 수준(annoyance)"과 "심각한 희생의 수준(victimization)"으로
구분하고 있으며 "불편한 수준"은 서비스실패로 인하여 심각한 피
해를 보지는 않지만, 실패로 인하여 언짢고 불편한 수준 정도의 서
비스실패를 말하고, "심각한 희생의 수준"은 서비스실패로 인하여
심각한 정도의 희생을 감수해야 하는 정도를 말한다. Kelly and
Davis(1994)의 연구에 따르면 서비스실패는 실패의 심각성에 따라
서 다를 수 있다. 즉 서비스실패는 사소한 것(가령 10분 지체된 비
행)에서부터 매우 심각한 것(가령 4시간 지체된 비행)에 이르기까
지 심각 정도에 따라 매우 다양할 것이라고 주장하였다. 그러나 무
엇보다도 서비스실패의 심각성 정도를 인지하는 수준은 개인에 따
라서, 그리고 상황에 따라서 많은 차이를 보인다. 고객들은 동일한
서비스수행에 대해서도 상이한 평가를 하기에, 서비스실패 그 자체
로써가 아닌 서비스실패에 대한 고객 지각이 서비스실패의 심각성
정도를 결정한다. 10분 지체된 비행이란 서비스실패가 발생되는 경
우, 10분을 기다린 것이 개인에 따라서 심각한 서비스실패일 수도
있고 또는 사소한 문제일 수도 있다. 또한 개인의 시간적인 여유에
따라서 10분의 기다림은 문제의 심각성 인지 정도에 많은 차이가
있을 것이다.

　여러 연구자들은 문제의 심각성과 다양한 형태의 고객 불만족 반응들 간의 관계를 검토하는 데 있어서 서비스 상품들보다는 오히려 물적 제품에 대한 문제의 심각성에 초점을 맞추었다. Granbois, Summers and Frazier(1977)는 저품질의 포장육, 부패된 유(乳)가공제품, 불량의류 등과 같은 제품 문제로 인하여 발생한 손실의 심각정도가 불평행동과 직접적으로 관련이 있다는 것을 밝혔다. 또한 Richins(1983)는 의류 혹은 가정용품의 문제 경험자들을 대상으로 문제의 심각성, 불만족 책임에 대한 지각, 그리고 소매상 반응에 대한 지각 간의 관계를 증명하고자 파일럿 연구를 수행하였는데, 문제의 심각성은 고객 불만족과 유의적인 관계가 있음을 보여주었다. Richins(1985)의 이후 연구는 문제된 제품의 소유시간, 문제에 의해 손상된 제품기능 정도, 제품 수리 기간 동안에 고객이 경험한 불편, 그리고 제품 가격과 같은 4개의 항목으로 측정된 문제의 심각성은 불평행동 그리고 구전과 강한 관련성이 있다는 것을 재차 보여 주었다.

　물적 제품이 실패한 경우와 같이, 서비스실패의 심각성이 서비스회복에 있어서의 고객만족에 영향을 미친다는 것은 여러 연구들에 의해 검정되었다(Gilly and Gelb, 1982; Churchill and Surprenant, 1982; Brown and Beltramini, 1989; Hoffman et al., 1995). Churchill and Surprenant(1982), Oliver(1980), Westbrook and Joseph(1980) 등은 서비스 문제가 심각하면 할수록 서비스회복에 있어서의 고객만족은 더욱 낮아질 것이라는 것을 가설화하였다. 이 가설은 손실이 크면 클수록 서비스실패 경험자의 기대는 더욱 높아질 것이라는 가정에 근거한다. 그러나 Gilly and Gelb(1982)의 오일기업의 서비스회복에 관한 실증연구에서는 이 가설을 기각되었는데, 그 이유는 오일기업이 비난받는데 따른 손실이 크면 클수록 더욱 크게 반응하여 가설화된 영향을 상쇄시켰다는 점과 금전상의 손실 정도에 다른 요인이 추가되어 서비스 문제의 심각성에 대한 고객 지각에 영향을 준 것을 들 수 있다.

　Brown and Beltramini(1989)의 가스 서비스문제의 심각성이 고객 불평행동과 부정적 구전효과에 미치는 영향을 검토한 연구는 서비스실패가 심각할수록 가스 서비스 문제에 대해 사용자가 지각하는 불편이 증가함을 보여 주었으며 더욱이 서비스실패의 심각성과 지각된 불편 양쪽 모두는 구전에 직접적인 영향을 미치는 것으로 밝혀졌다. 또한 Hoffman et al.(1995)의 연구는 서비스실패의 심각성과 회복률 간의 유의적인 부정적 상관관계를 밝혀, 서비스문제가 심각할수록 서비스회복이 더욱 어렵다는 것을 증명하였다. Weun(1997)의 시나리오를 통한 유사실험설계 연구에서도 서비스실패에 대해 고객이 지각한 심각성은 고객만족과 회복 이후 서비스 제공자와의 관계에 부정적인 영향을 미치며 실패의 심각성과 회복 성과간의 직접적인 관련성을 증명하였다. 또한 이수원(1999)의 연구는 서비스실패의 심각 정도가 높을수록 회복만족에 부정적인 영향을 미치는 것으로 분석되었다.

　따라서 본 연구에서는 고객의 지각된 심각성 정도를 하나의 서비스실패 속성으로 연구모형에 도입해 항공서비스실패에 대한 고객의 지각된 심각성 수준이 고객의 서비스회복에 대한 기대수준과 서비스접점에 대한 전반적인 만족수준에 어떠한 영향을 미치는지를 파악하고자 한다.

32

4. 서비스실패에 대한 고객반응

1) 고객 불평행동

서비스실패를 경험한 고객들은 서비스 제공자에 대해 불만족이 발생하면 먼저 불평행동을 취할 것인가의 여부를 결정한다. Hirschman(1970)에 의하면 불만족한 고객은 다음과 같은 세 가지 반응 중 한 가지를 택한다고 한다. ① 종결: 자발적인 관계종결, ② 표현: 청취할 의향이 있는 사람 또는 경영진에 대한 불만족을 지적함으로써 변화시키려는 시도, ③ 충성: 소비자가 불만족한 제품 및 판매업자와 지속적인 관계를 유지하면서 그 일이 곧 나아질 것이라는 확신을 갖고 침묵으로 고통을 감수하는 경우가 있을 수 있다. 고객이 선택한 반응은 그 개인과 산업의 특성에 의해서 좌우된다.

Singh(1988)은 불만족을 느낀 고객은 자신이 느낀 불만족에 대해 기업이 직접 회복을 해 주거나 설명해 줄 것을 요구하는 직접 반응(voice response)을 보이거나, 주변 사람들에게 해당 기업에 대한 부정적인 구전을 하는 사적 반응(private response)을 보이거나, 소비자 보호 단체, 언론, 사법기관에 해당 기업을 고발하는 제삼자반응(the third part response) 등의 다양한 반응을 보인다고 주장하였다.

불만족과 개인적 변수, 제품관련 변수, 상황적 변수들이 불평행동의 영향변수로 알려져 있다. 불평행동은 고객 스스로가 불만족할 경우 자기 자신을 보호하려는 행동으로 고객이 취하는 불평행동의 유형은 불만의 심각성에 따라 오른쪽 방향으로 진행된다(그림 2-1).

〈그림 2-1〉 고객 불평행동의 유형별 강도

심 각 성				
1	2	3	4	5
아무 일도 하지 않음	미래에는 동일한 상표나 동일 판매자를 회피함	친구나 아는 사람에게 부정적 구전활동	판매자로부터 문제해결 방안 모색	외부 공공기관에 불만호소

자료원: Ralph L. Day and Laird Landon, Jr.(1977), "Toward a Theory of Consumer Complaining Behavior", in *Consumer and Industrial Behavior*, Arch G. Woodside, Jagdish N. Sheth, and Peter D. Bennett, eds., New York: Elsevier North-Holland, p.432.

Hirschman(1970)은 제품 중요성이 불만족과 상호작용하여 회복 추구를 하도록 동기를 제공한다고 주장하였다. 즉, 독립변수인 불만족과 종속변수인 회복추구행동 간의 관계가 제품 중요성이 높은지 낮은지에 의해 달라진다는 것을 의미한다. Day(1984)는 고객 만족/불만족은 특정 상황에서 불평을 할 것인지 하지 않을 것인지에 관한 의사결정을 하게 하는 동기를 부여해 주는 감정 상태로 불평행동의 필요조건이기는 하지만 불만족의 강도가 고객 불평행동의 일차적인 결정요인은 아니며 불만족과 무관한 고객의 개인적 요인과 상황적 요인들이 불평행동을 하게 할 수 있다고 주장하면서, 불만족한 고객이 사적 행동을 하는가, 공적 행동을 하는가를 결정하는 데 있어서 제품의 성격과 중요성의 요인이 관여한다고 하였다. 즉 제품의 성격과 그 중요도가 증가할수록 고객의 불평행동은 공적 행동의 성격을 띠게 될 것이라는 것이다.

한편 Ross and Oliver(1984)에 의하면 불평하는 사람들은 보다 공격적이며 자유분방하고 제품이나 메커니즘에 대해 보다 많은 것을 알고 있으며, 젊고 수입이 많고 교육수준이 높다고 한다. 또 다른 연구에서도 젊은 사람들이 보다 불평을 많이 한다고 연구된 바 있다(Andreason, 1985). Rogers, Ross and Williams(1992)는 고객의 성격과 불평행동 간에 유의적인 관련성이 있다고 하면서 불평을 하는 사람은 안정성에 보다 많은 관심을 갖고 야망이 있으며 성취욕이 높고 정의감을 중시한다는 것이다. 반면 불평하지 않는 사람은 야망이 적고 성취나 주변에 별로 관심이 없는 사람이라는 것이다.

2) 실패에 대한 귀인추론

서비스실패가 발생되는 경우, 실제 서비스성과가 소비자의 사전기대에 미치지 못해서 부정적 불일치가 발생되고 소비자들은 심리적으로 불편함을 느끼게 되며 이러한 심리적 갈등은 소비자들로 하여금 귀인과정(attribution process)을 겪도록 한다. 즉, 소비자가 서비스에 대해 불만족을 경험하면 의식적이든 무의식적이든 불만족의 원인과 책임에 대하여 나름대로의 인과추론(causal inference)을 한다. 다시 이러한 인과추론의 결과가 다양한 형태로 재구매 의도에 영향을 미침은 물론이고, 불평행동이나 구전효과에도 상당한 영향을 주게 된다(Richins, 1983; Folkes, 1984, 1988). 따라서 서비스실패의 원인에 대한 고객의 추론은 그 정확성 여부를 떠나 서비스접점에 대한 판단 및 고객만족에 영향을 미치게 된다. 즉, 서비스실패와 회복 과정에서의 고객만족을 연구함에 있어 귀인이론의 적용도 가능할 것이며, 서비스실패의 원인에 대한 고객의 추론은 어떻게 실패의 회복기대 및 지각된 회복불일치와 접점만족에 영향을 미치는지를 파악하는 데 도움이 될 것이다.

귀인개념은 처음 사회심리학의 연구에서 시작되어 오늘날까지 여러 분야에서 중요한 연구과제로 연구되고 있으며 마케팅 연구에 있어서 1970년대 초기부터 소비자행동의 여러 분야에서 활용되고 있다. 귀인이란 사람들이 일상생활 속에서 사건 또는 현상의 원인을 어떻게 지각하느냐에 관한 개념으로서 지각과정에서의 관심사는 사건의 진실한 원인이 아니라 사람들이 추론을 통해 지각하는 원인이다 (Zaltman and Wallendorf, 1983). 귀인(attribution)은 관찰을 통한 사건(events)이나 현상(phenomena)의 인과추론 과정이므로 관찰의 주 대상이 사람인가 또는 주변의 사물인가에 따라 귀인의 초점이 달라진다. 즉 귀인은 인식대상에 따라 ① 타인의 행위에 대한 지각 과정인 타인귀인(others attribution: Heider, 1958; Jones and Davis, 1965; Kelley 1967, 1971, 1972), ② 사물의 성과나 속성에 대한 지각 과정인 사물귀인(object attribution: Kelley, 1967, 1971, 1972) 및 ③ 자신의 행위를 외부관찰자의 입장에서 지각하는 자기귀인(self-attribution: Bem, 1965, 1967, 1972; Kelly, 1971, 1972)의 세 가지 귀인에 초점을 맞추게 된다.

Heider(1958)에 의하면 인간의 행위는 환경적 요인과 개인적 요인으로부터 영향을 받으므로 결과에 대한 원인을 내적귀인(internal attribution)과 외적귀인(external attribution)으로 나누었다. 내적귀인은 자신이 충분한 정보를 수집하지 못했거나, 상표대안들을 평가하지 못했기 때문이라고 탓으로 돌리는 것을 말하며, 외적귀인은 서비스제공자가 예상된 서비스를 제공하지 못했거나 종업원이 잘못된 정보를 제공했기 때문인 것으로 책임을 전가시키는 것을 말한다. 한편 Kelley(1972)는 인간은 다양한 조건에서 결과와 원인 간의 연관성을 찾으려는 경향성을 가진다면서 원인의 독특성(distinctiveness), 시간적 및 상황적 일관성(consistency over time/modality), 원인의 일치성

(consensus)의 3가지 차원에 따라 귀인을 하게 된다는 공변원리 (covariance principle)를 주장하였으며, 또한 단일의 관찰을 토대로 귀인을 하는 경우에는 할인원리(discounting principle) 및 증분원리 (augmenting principle) 등의 통합원리 스키마(configuration principle schema)를 이용한다고 주장하였다.

귀인이론은 제품이나 서비스의 성공 또는 실패에 대한 인과추론 및 구매 후 만족/불만족 반응과 불평행동을 설명하는 데 이용되어져 왔다. Richins(1979)는 그의 불평과정 모델에서 소비자는 불만족의 원인과 책임에 대해 귀인을 하며, 원인과 책임의 귀인이 불평행동에 영향을 미칠 것임을 나타냈다. 또한 소비자는 불만족의 원인을 자기 자신보다 제조업자나 소매업자와 같은 외적인 요소에 귀인했을 때 불평행동을 더 많이 한다고 설명하였다.

이와 같이 귀인이론은 불만족의 지각된 원인과 책임의 측면에서 소비자의 불만족 반응을 설명하는 이론적 체계로서 그에 대한 관심과 연구가 계속 증대되고 있는데, Weiner(1980) 그리고 Folkes (1984)는 저변에 깔려있는 인과적 특성 혹은 차원들에 따라 성공 혹은 실패의 원인들을 분류했다. 즉 첫 번째 차원은 인과성의 위치 (locus of causality)로서 원인이 행위자, 상대방 혹은 상황에 있는가에 대하여 추론하는 것을 의미하며, 두 번째 차원은 안정성(stability)으로서 원인들이 상대적으로 일시적이거나 상당히 영구적인가의 차원에 따라 원인을 추론하는 것을 말하며, 세 번째 차원은 통제가능성(controllability)으로서 원인들은 의도적일 수 있고, 비의도적일 수도 있다는 것이다. 만약 소비자가 서비스실패의 원인이 지속적이고 기업의 잘못으로 일어났으며 통제가능한 것이었다고 지각한다면, 그 소비자는 구매한 서비스에 대해 불만족하게 될 가능성이 높아질 것이다.

서비스가 실패된 경우, 소비자 반응을 결정하는 것은 단지 서비스가 실패했다는 판단뿐만이 아니다. 실패를 경험한 소비자들은 서비스가 왜 실패했는가를 알려고 노력하며, 추론된 원인의 유형이 그들이 무엇을 할 것인지에 영향을 미친다. 즉, 인과적 귀인은 첫째, 환경에 대한 예측과 통제를 가능하게 해주며 둘째, 인간의 감정, 태도, 행동을 결정하며 셋째, 과거사건에 관한 인과적 귀인은 미래에 대한 기대에 영향을 미친다.

Folkes(1984)의 연구에 따르면 제품/서비스의 실패를 안정적인 것으로 귀인 하는 경우에는 미래 실패에 대한 기대 및 선호되는 회복 유형에 영향을 미칠 것이며, 인과성의 위치는 시장교환의 형평성과 관련이 있고, 제품/서비스실패에 대한 외적인(즉 기업 관련적) 귀인을 하는 경우에는 환불 및 사과를 받으려 한다고 주장하였다. 또한 통제가능성과 인과성의 위치에 대하여는 제품실패가 기업의 통제가능 한 행동에 기인할 때에는 소비자는 분노를 느끼며, 기업에 대하여 복수하려 한다고 하였다. 한편 Oliver and Desarbo (1988)는 귀인적 추론결과가 지각된 성과나 불일치 수준에 영향을 미치는 정보보다는 못하나 만족판단에 유의적인 영향을 미친다는 것을 발견하였다. 이와 같이 귀인적 추론결과는 소비자의 만족판단에 영향을 미치게 된다는 것을 알 수 있다.

Richins(1985)는 가정주부를 대상으로 한 연구에서 응답자의 90% 이상이 자신의 제품 불만족 원인을 마케팅 기관의 책임으로 귀인 하였음을 밝힘으로써 소비자들이 제품 실패 경험을 타인의 탓으로 귀인 하는 귀인편견을 보이고 있음을 주장하였다. 이러한 귀인편견에 대하여 안광호와 윤명상(1990)의 관여수준의 조정적 역할을 고려한 연구는 귀인편견이 저관여 소비자들에게서 강하게 나타나고 있음을 밝혔다. 또한 귀인내용이 재구매 의도에 연결되는가의 여부를 관여 수준별로 검토해 고관여 수준에서는 귀인결과가 재구매 의도에 연결 되지만 저관여 수준에서는 그렇지 못한 것으로 나타났다.

  항공서비스에 있어서 출발지연이란 실패가 발생된 경우, 실패를 경험한 소비자들은 왜 지연되었는가를 알려고 노력할 것이다. 즉, 항공사로서 출발지연에 대한 예측과 통제가 가능한 것인가, 일시적 인 것인가, 완전히 항공사의 잘못이라고 생각할 것인가에 대해 귀 인추론을 할 것이며 추론결과에 따라 항공사에 대한 불평・반감・ 보상요구, 그리고 부정적 구전행위 등 행동에 있어서 다르게 나타 날 것이다.

  앞에 언급된 많은 연구결과를 종합해 볼 때 서비스실패의 원인에 대한 고객의 추론결과는 서비스회복에 대한 기대 수준에 영향을 미 칠 것이며 이를 통해 전반적인 서비스접점만족에도 영향을 미칠 것 으로 판단된다. 따라서 본 연구에서는 책임의 소재, 통제가능여부, 안정성 등 3가지 범주에서 항공서비스실패를 경험한 고객들의 실패 원인 추론결과가 서비스회복에 대한 기대 및 서비스접점만족에 어 떠한 영향을 미치는지를 파악하고자 한다.

5. 서비스회복의 정의 및 유형

  서비스회복의 개념은 경영 실무와 마케팅 연구에서 장기간에 걸 쳐 발전되어 왔다. 1970년대와 1980년대 초에 서비스회복이라는 용 어는 컴퓨터와 텔레커뮤니케이션, 자연재해로부터의 회복에 많이 사용되었다. 그러나 1970년대 말부터 1980년대에 걸쳐 마케팅 전문

가들은 특정 서비스 문제의 해결뿐만 아니라 서비스회복의 장기적
인 이점(고객의 충성도 증가, 긍정적인 구전 효과 등)을 강조하기
시작하였다. 1990년대 들어 Hart 등이 "The profitable art of
service recovery"라는 논문을 발표하면서 경쟁적인 시장 상황에서
서비스회복의 사전적이고 전략적인 기능으로 학계의 관심을 전환시
켰다. Hart et al.(1990)은 다음과 같이 서비스회복의 청사진을 제시
하였다.

① 고객을 잃었을 때 소요되는 비용을 계산한다.
② 불만이 있으나 불평하지 않는 고객이 불평할 수 있도록 한다.
③ 서비스회복에 대한 요구를 예측한다.
④ 빠르게 대처한다.
⑤ 종업원들을 훈련시키고 권한을 부여한다.
⑥ 고객들에게 개선된 것에 대해 알린다.

실패된 서비스는 조직과 고객과의 관계에 부정적인 영향을 미치
며, 조직에 대한 고객의 신뢰는 서비스실패의 결과로 인하여 상실
되기 때문에 기업은 서비스실패가 발생하기 이전에 고객이 갖고 있
던 최소한의 동일 수준의 만족과 신뢰 회복을 위해 노력하여야 한
다. 이와 같이 고객 유인 및 유지의 중요성은 일부 연구자들로 하
여금 서비스실패에 대한 회복에 관심을 갖도록 만들었다. 서비스회
복은 여러 학자들에 의해 정의되었다.

Gronross(1988)는 서비스실패에 대한 회복이 서비스 제공자가 서
비스실패에 대한 반응으로 나타나는 행위들과 관련되는 것으로 정의
하였다. Johnston and Hewa(1997)는 서비스회복은 서비스 제공자가

원래의 서비스를 제공하지 못함에 따른 고객의 손실을 완화하거나 개선하기 위한 서비스 제공자의 행동이라고 정의하였다. Zeithaml et al.(1993)은 기대불일치 패러다임을 적용하여 최초의 서비스제공에 대한 고객 지각이 고객의 인내영역 이하로 하락한 결과에 대한 서비스 종업원의 회복노력 및 실행을 서비스회복으로 정의하였다.

Zemke and Bell(1990)은 제공된 서비스 혹은 제품이 소비자 기대에 부응하는 것에 실패한 조직이 상처받은 고객을 만족 상태로 되돌리는 과정으로 서비스회복을 설명하였다. Zemke and Bell의 정의에 따르면 우수한 서비스회복은 항상 불만족한 고객을 만족한 상태로 되돌릴 수 있다는 의미를 내포하고 있다. 그러나 실제로 효과적인 서비스회복으로도 불만족한 고객을 만족할 수준으로 돌려놓지 못하는 경우도 많이 있다. 고객이 서비스실패로 인하여 치명적인 손해를 보았다면 아무리 좋은 서비스회복을 받았다 할지라도 만족은 할 수 없을 것이다.

또한 Spreng, Gilbert and Robert(1995)는 불평처리의 차원에서 서비스회복 전략을 이해하고 있는데 그들은 서비스실패와 관련한 고객의 불평을 처리하기 위하여 기업이 행하는 다양한 활동으로 서비스회복을 정의하였다. 그런데 서비스회복과 불평처리는 모두 고객을 유지하기 위한 전략으로 사용되지만 서비스회복은 불평처리보다 훨씬 더 포괄적인 활동이다. 왜냐하면 서비스회복은 서비스실패가 발생하였으나 고객들이 불평하지 않는 상황까지 포함하기 때문이다. 서비스회복의 정의를 정리하면 다음의 〈표 2-3〉과 같다.

〈표 2-3〉 서비스회복의 정의

연구자	정 의
Gronoroos (1988)	서비스실패에 대응하기 위한 기업이 취하는 행동
Johnston and Hewa(1997)	서비스제공자가 원래의 서비스를 제공하지 못함에 따른 고객의 손실을 완화하거나 개선하기 위한 행동
Zeithaml et al. (1993)	최초의 서비스제공에 대한 고객 지각이 고객의 인내영역 이하로 하락한 결과에 대한 서비스종업원의 회복노력 및 실행
Zemke and Bell(1990)	제공된 서비스가 소비자 기대에 부응하는 것에 실패한 조직이 상처받은 고객을 만족상태로 되돌리는 과정
Spreng(1995)	서비스실패와 관련한 고객의 불평을 처리하기 위하여 기업이 행하는 다양한 활동

자료원: 연구자가 선행연구를 요약 작성

결과적 차원의 서비스실패와 과정적 차원의 서비스실패의 분류와 마찬가지로 서비스회복도 일반적으로 결과와 과정의 두 가지 영역으로 분류 될 수 있다. 서비스회복의 두 가지 영역에 대하여 학자들마다 다른 용어로 표현하고 있는데, Lehtinen et al.(1982)은 실체적(physical)인 영역과 상호적인(interactive) 영역으로, Gronroos(1983)는 기술적(technical)인 영역과 기능적(functional)인 영역으로, 그리고 Berry, Zeithaml and Parasuraman(1985)은 결과적인 영역과 과정적인 영역으로 분류하고 있다. 이러한 용어들은 서비스회복의 두 영역을 표현한 것으로 모두 서비스회복과 관련하여 전자는 "무엇을 제공받았는가" 하는 최종결과를 의미하는 것이고, 후자는 "어떻게 받았는가" 하는 방법을 의미한다고 볼 수 있다. 서비스 마케팅 학자들은 서비스회복의 과정적인 영역을 결과적인 영역 못지않게 매우 중요시하고 있으며 과정적인 영역에는 다음의 〈표 2-4〉와 같은 속성들이 포함된다고 한다.

42

〈표 2-4〉 서비스과정의 속성

연 구 자	서비스과정의 속성
Clemmer(1988)	정중함(politeness), 친근감(friendliness), 민감성(sensitivity), 관심(interest), 정직성(honesty)
Zeithaml et al.(1993)	감정이입(empathy), 확신(assurance)
Bitner et al(1990)	사과(apology), 설명(explanation)
Blodgett et al.(1993)	예의(courtesy), 존경(respect)
Mohr and Bitner(1995)	종업원의 노력(employee's effort)

자료원: 연구자가 선행연구를 요약 작성

　어떤 서비스에서든지 서비스회복의 과정과 결과는 처음 서비스를 제공하는 데 있어서나 서비스실패 후 회복을 하는 동안에 있어서 모두, 고객들이 기업에 대한 서비스 경험을 평가하는 데 영향을 미치므로 매우 중요하다. Bell and Zemke(1987)에 따르면 서비스접점에 대한 평가는 서비스의 과정과 결과에 대한 고객의 기대와 실제 기업 측에서 제공하는 서비스 과정과 결과에 대한 성과가 어느 정도 일치하는가에 따라서 평가된다고 하며, 이는 서비스품질을 연구하는 학자들의 의견과 일치한다.

　서비스회복에 대한 근시안적인 입장은 서비스회복을 단순히 초기 서비스 문제를 수정하거나, 환불, 보상, 무료쿠폰 등과 같은 기업의 실질적인 보상에만 초점을 두는 것이다. 그러나 서비스실패를 경험한 고객들은 처음엔 서비스회복에 대한 결과에 더 많은 관심을 보일 수 있지만, 기업의 서비스회복에 대한 전체적인 평가를 하는 데 있어서는 종업원의 태도, 문제해결의 신속성과 같은 회복의 과정에 상당한 영향을 받는다. 그러므로 서비스회복은 단순히 서비스 문제에 대한 수정의 수준에 머무를 것이 아니라 그 이상의 가치가 부여

되어야 한다. 비록 문제의 해결이 서비스회복을 통하여 이루어 졌다고 하더라도 회복을 하는 과정에 문제가 있었다면 진정한 고객만족을 이룰 수는 없을 것이다.

유사하게 서비스회복은 심리적 회복과 물질적 회복 두 가지 유형으로 나누어 볼 수도 있다. 심리적인 회복은 고객의 요구에 관심을 표명함으로써 상황을 해결하려는 직접적인 시도이다. 모든 경우에 있어서 심리적인 회복은 두 가지가 있을 수 있는데 공감(empathizing)과 사과(apologizing)가 그것이다. 이 두 가지는 간단하고 비용이 들지 않지만 함께 사용되었을 때 강력한 효과를 내게 된다. 그러나 부적절하게 사용된다면 오히려 부정적인 느낌을 강화시킬 수 있다. 물질적 회복의 일차적인 의도는 서비스실패로 야기된 금전적 손실과 불편함에 대한 조치이다. 이차적 의도는 회복 수단으로써 제공된 것이 고객의 기대 수준을 넘어섰을 때 창출될 수 있는 가치 획득이다. Clark, Peter and David(1992)의 연구에 의하면 서비스실패 후 자신의 기대보다 약간 더 많은 것을 받은 고객의 91%가 그 기업의 고객으로 남을 의도가 있다고 하였다.

한편, Schweikart, Strasser and Kennedy(1993)는 서비스회복은 다음의 3단계로 구성된다고 주장하였다.

첫 번째 단계는 회복 전 단계로써 서비스실패가 발생할 때 시작되어 서비스 제공자가 실패를 인지할 때 끝난다. 이 기간은 수초로 매우 짧을 수도 있고 수주에서 몇 달까지 매우 길 수도 있다. 고객들은 이 기간 동안 서비스회복에 대한 기대를 형성하게 된다.

두 번째 단계는 회복 단계로써 서비스제공자가 서비스실패를 인지하는 시점에 시작되어 고객에게 조치를 취해 주었을 때 끝난다. 몇몇 연구들은 고객의 불평에 반응하는 시점이 늦어질수록 고객들의 충성도와 만족도는 유의적으로 감소한다는 보고를 하였다. 이 단계에서는 빠르고 적절한 조치를 취해주는 데 초점이 맞추어져야 한다.

마지막 단계는 회복 후 단계로써 고객이 서비스회복을 받은 후에 시작된다. 이 단계는 회복의 성공 여부에 따라 필요할 수도 있고 필요하지 않을 수도 있다(Miller, Craighead and Karwan, 2000).

6. 서비스회복의 필요성

지금까지의 서비스회복에 관한 연구들은 실패된 서비스에 대한 회복의 필요성에 대하여 두 가지 양분된 견해가 있다. 하나는 우수한 서비스회복은 서비스접점의 고객만족에 긍정적인 영향을 미칠 수 있을 뿐만 아니라 서비스문제가 일어나지 않은 경우에 비해서 더욱 강력한 기업과 고객간의 유대도 형성할 수 있으며 고객충성도와 구전행동에도 긍정적인 영향을 미친다는 서비스회복이 유용하다는 견해이다. 이와 반대로 만족스러운 문제해결은 비록 고객을 기쁘게 해주지만 서비스실패 경험을 잊게 해줄 수는 없고 서비스회복 노력을 하더라도 실패된 서비스에 대한 기억은 그 기업의 서비스에 대한 고객의 전반적인 지각에 부정적인 영향을 미치고 있다는 서비스회복이 무용하다는 견해도 있다. 그러나 보다 많은 연구들이 우수한 서비스회복을 통하여 고객만족을 달성하고 고객충성을 확보하며 그 결과 재구매율을 향상시키고 있다는 점을 밝히고 있다.

Schweikhart et al.(1993)은 품질 관리의 부분으로서 서비스회복, 그리고 서비스회복의 최종 목표는 고객과의 지속적인 협력관계의 유지라고 주장한 바 있다. 이 주장은 고객만족이 고객 충성도, 지속적인 판매, 그리고 긍정적인 구전커뮤니케이션을 보증한다는 것에

전제한다(Bearden and Tell, 1983). 즉 효율적인 서비스회복은 이미 구매된 제품과 서비스품질에 대한 강화된 지각을 이끌며 지각된 품질과 가치 면에서 기업의 능력과 이미지에 대한 호의적인 지각을 이끈다(Zemke and Bell 1990). 유사하게 Heskett, Sasser and Hart (1990)에 의하면 적절한 회복시스템을 갖는 서비스 기업만이 도약할 수 있다고 믿는데 서비스실패에 대한 효과적인 반응은 기업의 장기적인 성공의 결실로서 높은 이득을 실현하고, 고객만족을 달성하며, 그리고 개선활동을 장려하는 기업정책에 대한 고객과 종업원의 믿음을 강화시킨다.

또한 Berry and Parasuraman(1991)과 Zeithaml et al. (1993)의 연구는 고객들은 일상적 혹은 처음에 제공된 서비스보다는 서비스회복에 더욱 감정적으로 관여하며, 그리고 더욱 주시한다는 견해를 펴고 있다. 바꾸어 말하면 고객의 인내영역(zone of tolerance)은 최초의 서비스보다는 회복 서비스일 때 더욱더 좁아질 것이다. 그러므로 회복관리는 서비스 품질에 대한 고객 지각에 중요한 영향을 미칠 것이다. 즉 매우 잘 수행된 서비스회복은 서비스 질에 대한 고객의 지각을 개선하고, 고객만족을 강화시켜 고객과의 우호적인 관계를 구축하여 고객이탈을 방지하기 때문에 매우 중요하다(Smith 1997).

또한 서비스회복은 단지 손실 통제(damnage control) 그 이상이며, 서비스실패가 발생한 이후의 서비스 과정을 사전에 관리하는데 있어서 사용되어 질 수 있는 매우 유익한 도구이다. 이에 서비스실패로부터의 효율적인 회복은 기업의 고객지향 전략의 중요한 부분으로써 간주되어야 한다(Bell and Zemke 1987). 마찬가지로 서비스회복은 고객으로 하여금 의사소통에 참여하고 기업에 대한 그들의 애호도를 강화시키는 기회로써 간주될 수 있다(Berry and Parasuraman 1991). 〈그림 2-2〉에서 나오는 서비스회복의 일반적 모델은 회복에 의해 서비스실패가 만족스럽게 치유된 고객들이 실패를 경험하지 않은 고객들보다도 그 기업에 대해 더욱 만족하고, 더욱 애호하며, 그리고 더욱 호의적인 구전활동에 참여한다는 것을 보여주고 있다.

〈그림 2-2〉 서비스회복의 일반적 모델

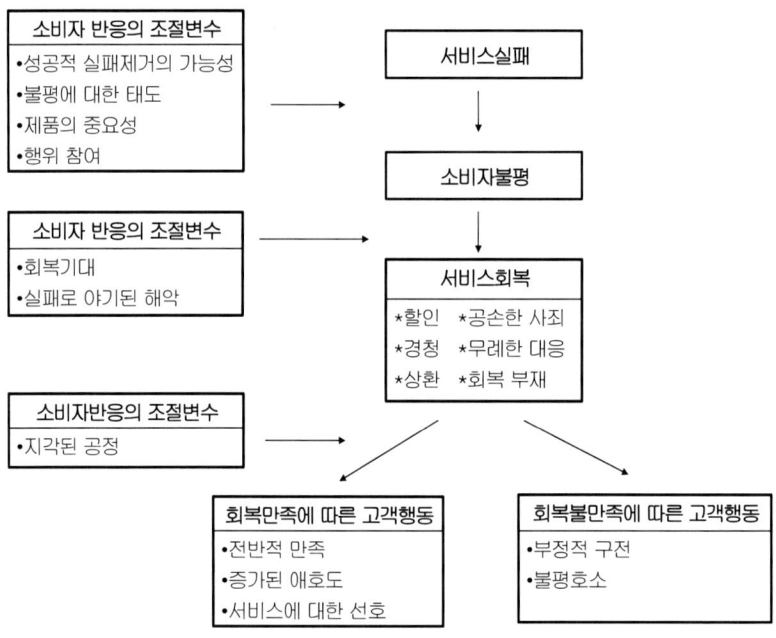

자료원: Lilienthal, Sonja K.(1997), "Service Recovery in Service contexts: An Investigation of the Veracity of the Recovery Paradox," *Unpublished doctoral Dissertation*, Ohio State University, p.27.

전략적 측면에서 서비스회복은 '거래 중심적 관점'과 '관계 중심적 관점'의 두 가지 철학적 관점이 있다(Brown, 1996). 거래 중심적 관점은 서비스회복의 목표를 고객만족 달성으로 삼고 서비스회복을 고객만족을 위한 대안적인 방법으로 간주한다. 반면 관계 중심적 관점에서는 서비스회복의 목표를 특정 서비스실패의 회복뿐 아니라 서비스전달 시스템의 개선에 두고 있으며 장기적인 고객과의 관계 형성을 위해 서비스의 지속성과 신뢰성을 중요시한다. 〈그림 2-3〉은 서비스회복이 고객만족의 대안적 통로라는 것을 의미하며, 〈그림 2-4〉는 장기적으로 고객과의 우호적인 관계로 발전하기 위해서는 서비스의 일관성과 신뢰성이 중요하며, 서비스회복노력이 즉각적인 고객만족을 창출하고 미래의 서비스 설계와 제공을 개선하는 양쪽 모두의 역할을 수행해야 한다는 것을 보여주고 있다(Brown, Cowles and Tuten 1996).

〈그림 2-3〉 거래에 초점을 둔 서비스회복

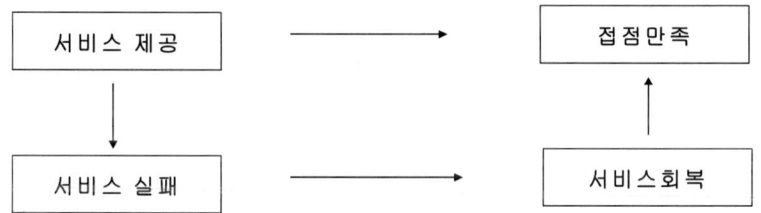

자료원: Brown, S. W., Cowles, D. L. and Tuten T. L.(1996), "Service Recovery: Its Value and Limitations as a Retail Strategy" *International Journal of Service Industry Management*, 7(5), p.33.

48

〈그림 2-4〉 관계에 초점을 둔 서비스회복

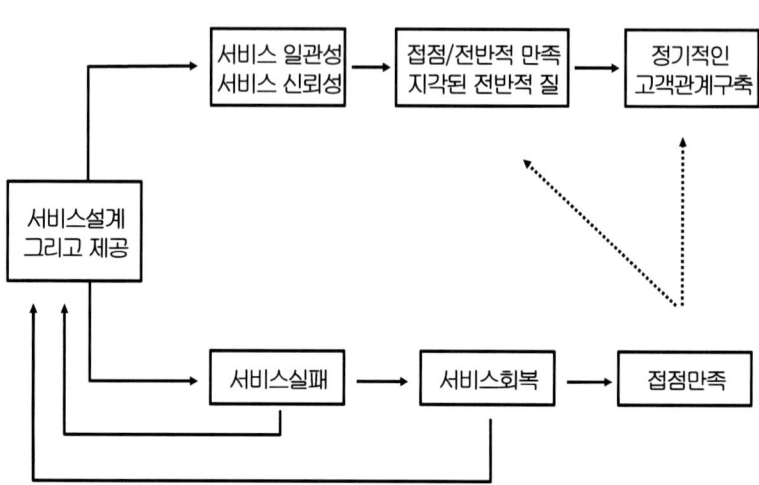

자료원: Ibid., p.33.

  결론적으로 우수한 서비스회복은 분노하고 실망한 고객들을 애호
고객으로 전환시킬 수 있기 때문에, 기업은 실패를 문제로써가 아
닌 불만족한 고객을 만족시키기 위한 기회로 보아야 할 것이다
(Berry and Parasuraman 1991). 실패는 불가피할지라도 불만족한
고객을 만족고객으로 전환하는 것은 가능하며, 기업들은 사전에 모
든 문제를 제거할 수는 없을지라도 그 문제로부터 회복의 중요성을
지각할 수 있기 때문이다(Johnston 1995).
  그러나 서비스실패를 경험한 고객들의 96% 정도가 그들의 불만
사항에 대하여 기업이나 서비스를 제공하는 종업원들에게 불평하지
않는다. 또한 서비스실패를 경험한 고객들은 평균 9~10명에게 자
신의 실패경험을 타인에게 전하는 반면에 만족을 경험한 고객들은
자신들의 만족경험을 4~5명에게 전한다(Collier 1995). 그러므로 효

과적인 서비스회복을 위해서는 미리 준비된 서비스회복 프로그램이
필요하며, 서비스실패에 대하여 부정적이고 수동적인 자세로 임하
기보다는 긍정적이고 능동적인 서비스회복 노력을 강구하여야 한
다. 또한 효과적인 서비스회복 전략을 통하여 서비스실패 초기에
고객이 가질 수 있는 기업에 대한 부정적인 이미지를 감소시키고
잠재고객에게 기업에 대한 긍정적인 구전을 전하게 하여 최소한 부
정적인 구전을 전하는 것을 방지하여야 한다.

7. 서비스회복 전략 및 효과

서비스를 회복하는 데에 있어서 사용될 수 있는 전략은 서비스의
유형에 따라 다양하다. 최초의 연구는 Bell and Zemke(1987)가 5가
지 회복전략을 제안한 연구로 이는 사과(apology), 빠른 대응, 공감,
상징적인 보상, 후속조치(follow-up)이다. 사과는 분노한 고객을 다
루는 데 있어서 가장 강력한 방법이고, 신속한 대응 또한 서비스회
복의 주요 요소이며, 이들 2가지가 사소한 서비스 문제를 경험한
고객을 다루는 데는 충분하나, 심각한 문제를 겪는 고객들에게는
위의 5가지 요소 모두가 요구된다고 한다.

Bitner et al.(1990)은 700건의 사건을 조사한 연구에서 서비스실
패에 대해 성공적으로 회복하기 위해서는 인식, 설명, 사과, 물질적
회복의 4가지 요소를 갖추어야 한다고 하였으며 사과는 고객으로
하여금 서비스 제공자가 자신들에 대해 관심을 갖고 있으며, 불편
한 것에 대해 고객이 느끼는 좌절감 내지 욕구불만을 이해하고 있
음을 주지시키는 유용한 도구라고 주장하였다.

Kelly, Hoffman and Davis(1993)는 중요사건법을 이용하여 12가지의

회복전략을 제시하였으며 이는 할인(discounting), 정정(correction), 경영자나 종업원의 개입(intervention), 보너스(correction plus), 교환(replacement), 사과(apology), 환불(refund), 고객이 주도하는 정정(customer initiated correction), 가게나 판매자의 신용을 제시하는 전략(store credit), 불만족스러운 정정(unsatisfactory correction), 실패의 증가(failure escalation), 무조치(nothing)이다. 이 12가지 실패대응전략 중 만족도 증가에 영향을 주는 것이 있고 그렇지 않은 것도 있다고 하여 전략의 성과 간에는 차이가 있다고 하였으며 특히 할인, 무료보너스, 환불 등과 같은 유형적 보상이 가장 강력한 회복전략인 것으로 나타났다. 한편 사과는 덜 효과적인 것으로 평가되었으나, 회복노력이 전혀 수행되지 않는 것보다는 회복률이 높은 것으로 나타났다. 서비스회복전략의 종류를 정리하면 〈표 2-5〉과 같다.

한편 Johnston(1995)은 고객관점에서 만족과 불만족을 이끄는 요인과 과정들을 이해하기 위한 시도로써 중요사건법을 통하여 224개의 중요사건들을 분석하였다. 그의 연구결과에 따르면 기존의 연구와는 달리 "보상은 서비스 문제에 의해 야기된 불만족한 고객을 다루는 데는 필요하지 않은 반면, 서비스실패의 신속한 회복과 서비스제공자의 감정이입이 서비스회복을 위한 중요한 구성요소"라고 제안하였다.

〈표 2-5〉 서비스회복전략의 종류

연구자	회복전략의 종류
Bell and Zemke(1987)	사과, 빠른 대응, 공감, 상징적인 보상, 후속조치
Bitner et al.(1990)	실패문제의 인식, 설명, 사과, 물질적 회복
Kelly, Hoffman and Davis(1993)	할인, 정정, 경영자나 종업원의 개입, 무료보너스, 교환, 사과, 환불, 고객의 사전 정정요구, 신용을 제시하는 전략, 불만족스러운 정정, 실패의 증가, 무조치
Smith, Bolton and Wagner(1999)	보상(무료제공, 할인, 환불, 쿠폰), 반응속도, 사과(심리적인 회복노력), 사전회복 제시

자료원: 연구자가 선행연구를 요약 작성

또한 Johnston and Fern(1999)은 서비스실패에 대해 단순히 화가 난 고객들과 서비스회복에 대해 다시 화가 난 고객들을 달리 다루어야 한다고 하였다. 즉 실패의 수준에 따라 회복의 방법도 달라져야 하고 이에 따른 결과로 만족도 달라진다는 것이다. 이상의 결과를 종합해 보면 서비스실패에 대한 신속한 대응, 물질적인 보상의 제공, 사과, 정보의 제공 및 실패원인의 설명, 감정이입 등은 실패된 서비스를 회복하는 데 효과적인 전략으로 사용될 수 있으며 이들의 회복효과는 서비스실패의 유형과 심각성에 따라 달라질 수 있다. 따라서 서비스 실패의 유형에 근거하여 서비스회복 전략을 최적화하는 것이 중요하다.

제2절 서비스실패와 회복상황에서의 고객만족

1. 고객만족의 개념 및 의의

만족이라고 하는 단어는 satis(충분: enough)과 facere(만들다 혹은 하다: to do or make)라는 라틴어에서 유래했다(Oliver, 1998). 이에 따르면 만족은 '성취하거나 무엇을 채우는 것(fulfillment)'을 의미한다. 1960년대 고객만족/불만족의 개념이 처음으로 미국의 문헌에 등장한 이래, 이에 대한 많은 관심과 연구가 마케팅 학계와 실무분야에서 이루어져 왔다. 그 이유는 고객만족/불만족 수준이 기업 마케팅 활동의 성과를 측정할 수 있는 하나의 척도가 될 수 있을 뿐만 아니라 소비자 구매 후 행동을 예측할 수 있음을 인식했기 때문이다. 이처럼 마케팅 분야에서 중요한 연구주제로 받아 들려지고 있음에도 불구하고, 학자들마다 서로 다른 관점에서 고객만족을 정의하고 있어서 일치된 개념적 정의를 발견하기 어려운 실정이다. 일반적으로 고객만족의 개념에 대하여 학자들의 견해는 그 초점을 소비경험의 결과 (outcome)에 두느냐 혹은 평가과정(evaluation process)에 두느냐에 따라 대체적으로 다음과 같은 두 가지 관점에서 파악될 수 있다.

① 소비경험의 결과를 강조하는 입장의 고객만족/불만족 정의

결과에 중점을 둔 정의는 고객만족을 소비경험으로부터 야기되는 결과로 개념화해서 소비자 만족을 정의하고 있다. Howard and Sheth(1969)는 소비자가 치른 희생에 대해 적절하게 혹은 부적절하게 보상받았다고 느끼는 인지적 상태로 정의했으며 Westbrook and Reilly(1983)는 시장 전체뿐만 아니라 구매한 특정 제품이나 서비스, 소매상, 혹은 쇼핑 및 구매행동과 같은 개별적 행위에서 유도된

감정적 반응이라고 정의하였다. 또한 Oliver(1981)는 기대에 대해 불일치를 경험하는 경우의 감정과 소비경험에 대해 소비자가 사전적으로 갖는 감정이 종합적으로 야기하는 전체적인 심리적 상태라고 정의하였다.

② 평가과정을 강조하는 입장의 고객만족/불만족 정의

과정에 경험을 둔 정의는 고객만족의 밑바탕에는 평가과정이 중요한 요소로 존재한다는 점을 강조하고 있다. Hunt(1977)는 고객만족은 소비경험이 최소한 기대한 것 이상이라는 평가로 보고 있으며 Engel and Blackwell(1982)은 선택된 대안이 사전에 갖고 있던 신념과 일관성을 가진다는 평가로 정의하였다. 또한 Tse and Wilton(1988)는 사전적 기대와 소비 후 느낀 제품성과 사이의 지각된 불일치 평가에 대한 소비자의 반응이라고 정의하였다. 결국 이러한 정의는 평가과정이 고객만족이론을 지탱하는 주요한 요소라는 것을 보여주고 있다. 이러한 정의가 갖는 주요한 이점은 크게 두 가지를 들 수 있는데 첫째, 소비경험의 전 과정을 대상으로 하고 있어 각 단계에서 독자적으로 존재하는 고객만족의 요인을 검증할 수 있도록 해준다는 것이다. 둘째, 고객만족의 형성을 위해 결합되는 지각적·평가적·심리적 과정들에 대한 접근을 제시한다는 것이다(Yi, 1990).

위에서 살펴본 고객만족에 대한 두 가지 접근은 모두 인지적인 측면에 입각하였다. 즉 고객만족은 제품/서비스의 사용이나 소비와 관련된 다양한 결과와 경험에 대해 개인이 내리는 주관적 평가의 호의성을 나타내며 만족을 평가의 전이체(轉移體)로서 유사 – 인지적 개념으로 보고 있다. 그러나 감정도 고객만족에서 중심개념이 될 수 있다(Hunt, 1977). Westbrook et al.(1980)은 '만족은 단지 인지적 현상만은 아니며, 거기에는 고객이 주관적으로 만족과 관련되어 느끼는 좋은 느낌과 불만족과 관련되어 느끼는 나쁜 느낌 등의 감정 또는 느낌의 요소가 포함된다'고 주장하였다. 그리고 Oliver (1981)는 만족을 '제품 획득과 소비경험과 관련된 일관적인 놀라움의 평가'로 정의한 바 있는데, 그는 감정적 반응의 특별한 유형이 만족판단의 원인이 될 수도 있고 또한 공존할 수도 있다고 주장하였다. 한편 Woodruff, Cadotte and Jenkins(1987) 등 연구자들은 고객이 제품성과와 규범적 기준을 비교할 때 나타나는 감정적 반응 그 자체를 만족으로 개념화하기도 하였다.

이상의 제 이론들을 종합하면, 고객만족은 고객이 상품 또는 서비스를 구매·사용·평가하는 과정에서 경험하는 호의적 또는 비호의적 감정과 태도라고 할 수 있다. 이는 상품 및 서비스뿐만 아니라 조직의 활동 또는 노력을 포함하는 모든 과정으로서 평가적 성향을 띠고 있다. 그러므로 고객만족은 고객이 상품 또는 서비스에 대해 원하는 것을 기대 이상으로 충족·감동시켜줌으로써 고객의 재이용률을 높이고 그 상품 또는 서비스에 대한 선호도가 지속되도록 하는 상태라고 할 수 있으며, 고객만족을 실현하다 보면 고정고객 확보되고 호의적 구전을 통해 신규고객의 창출이 가능해지기 때문에 조직의 이익이 향상되고 활동영역이 증대된다.

또한 고객만족은 제품의 질적 수준보다는 고객의 기대 수준의 크기에 달려 있어서 기대충족·미 충족 여부와 기대충족을 위한 조직의 노력 등이 영향을 미친다. 그 결과로 고객만족은 반복이용, 대체이용, 그리고 구전 등을 유발시킨다는 점에서 평가뿐만 아니라 총체적인 개념으로 파악되고 있다.

따라서 고객만족이란 개념은 상품이나 상표에 대한 구매 후 태도와 유사한 면이 있지만 구매대상에 대한 보다 일반화된 평가라는 측면에서 태도와 구분되며, 경험에 근거한 태도변화의 원인적인 지표로서 이해되고 있다(Westbrook and Oliver, 1991). 오늘날 많은 이론들이 이러한 측면에서 고객만족을 정의하고 있으며, 일반적으로 결과 지향적인 정의에 비해 과정 지향적인 접근법에 의한 정의가 보다 더 유용하게 받아들여지고 있다. 왜냐하면, 후자의 경우 전체적인 구매경험을 설명해 줄 수 있을 뿐만 아니라 각 단계마다의 독특한 요소를 측정하는 척도의 개발을 가능하게 하는 중요한 과정을 제시하고 있기 때문이다.

이러한 관점에서 보면 서비스실패와 회복상황에서의 고객만족은 단지 서비스회복의 결과에 대한 인지적 평가로 이해하는 것보다는 서비스실패와 회복 전 과정의 모든 경험에 기초한 서비스 조직에 대한 고객의 전반적인 감정과 평가로 정의하는 것은 타당할 것이다. 즉, 서비스실패와 회복상황에서의 고객만족은 일반적 상황에서의 고객만족에 비해서 형성과정과 작용요인에 있어서 매우 복잡하고 서비스회복의 성과뿐만 아니라 회복의 과정, 서비스실패 원인과 실패 유형, 실패 회복에 대한 기대 등 여러 요인에 의해서 영향을 받을 것이다. 그러므로 서비스실패와 회복상황에서의 고객만족은 단지 서비스회복에 대한 만족에 국한된 것이 아니고 서비스실패와 회복 노력을 경험하는 전반적인 거래과정의 차원에서 서비스실패와 회복상황에서의 고객만족을 이해하여야 한다. 따라서 본 연구는 서비스실패와 회복상황에서의 고객만족은 서비스실패와 회복에 대한 전반적 경험에 기초한 서비스 제공자에 대한 고객의 긍정적인 감정과 평가라고 정의한다.

고객만족은 반복구매, 상표충성도, 그리고 호의적 구전을 발생시킨다는 점에서 매우 중요하다. 만약 소비자가 구매한 제품/서비스에

만족한다면 그 제품을 계속 구매할 것이며, 자신의 긍정적 제품경
험을 다른 사람들에게 이야기할 가능성이 높다. 반면 구매한 제품
에 만족하지 않는다면, 그는 다른 상표로 상표전환을 하거나 제조
업자, 소매업자 혹은 다른 소비자들에게 그 제품에 대한 불만을 이
야기하게 될 것이다. 서비스실패가 발생되면 고객 불만족이 형성될
가능성이 크며 이러한 불만족이 서비스제공자의 회복노력에 의해
해소되지 않으면 고객 이탈과 부정적 구전을 유발할 수 있는데, 효
과적인 서비스회복은 고객관계 유지뿐만 아니라 신규고객을 창출하
는 데도 기여하게 된다.

이에 따라 1980년 후반부터 미국과 유럽의 기업들은 경영환경의
급격한 변화와 경쟁에 효율적으로 대응하기 위하여 고객만족에 많은
노력을 집중하게 되었으며 1990년대 들어 한국기업들도 고객만족 경
영을 주요 경영이념으로 삼고 고객만족지수의 개발을 통해 고객만족
을 체계적으로 측정·조사·창출하려는 노력을 하고 있다. 결과적으
로 고객만족경영은 고객에게는 삶의 질을 전반적으로 향상시켜 주었
으며 기업에게는 이익창출을, 사회 전반에는 사회복지의 증진에 기
여하게 되었다. 〈표 2-7〉은 개인과 기업 그리고 사회전체의 차원에서
고객만족에 대한 수직·수평적 견해를 보여주고 있다.

〈표 2-6〉 고객만족에 대한 수직·수평적 견해

견해	선행요인	핵심개념	결과물
*개인: 하나의 거래	*성과 혹은 서비스의 접촉	* 거래에 국한된 만족	*칭찬 *불평 *구전
*개인: 시간누적	*성과의 누적된 내용	* 대략적인 만족	*태도 *충성 *변경
*기업의 전체 고객	* 평판 * 제품의 품질 * 촉진	* 평균적인 만족 * 재구매율 * 경쟁상의 서열	*이윤의 공유
*산업 혹은 상업적 부분	* 평균적인 품질 * 독점적인 힘	* 고객의 감정	*규제 *세금
* 사회	*제품이나 서비스의 다양함 *품질의 평균	* 심리적인 복지	*평정 *생산성 *사회의 진보 *소외 *소비자주의

자료원: Oliver R.L.(1997), Satisfaction: A Behavioral Perspective on the Consumer, McGraw- Hill Co., p.15.

2. 서비스접점의 고객만족에 대한 이론적 접근

고객만족이 형성되는 이유를 설명하기 위한 연구는 주로 만족의 이론적 결정요인에 초점을 맞추어 발전되었고, 그러한 대부분의 연구들은 주로 Oliver, Swan 그리고 Parasuraman 등 학자들에 의해 70년대 후반부터 제시된 기대-불일치 패러다임(expectation-discontinuation paradigm)을 통해 이루어졌다. 기대-불일치 패러다임은 고객의 기대(expectation)와 성과(performance)간의 불일치에 의해 만족 또는 불만족이 발생한다는 것으로 성과가 기대와 같거나 기대보다 높으면 만족이 발생하고, 낮으면 불만족이 발생한다고 본다. 그러나 기대-불일치 패러다임의 한계성에 대한 많은 지적과 함께 기대-불일치 패러다임에 대한 확장 및 수정 노력들이 기울여져 왔고, 이러한 결과로 다양한 고객만족 비교기준들이 제시되어 다양한 관점에서 상이한 구매상황과 고객만족 형성과정으로 설명하고자 이용되고 있다.

　기대-불일치 패러다임과 함께 고객만족이 형성되는 이유를 설명하기 위한 또 다른 중요한 이론으로 공정성이론(equity theory)이 있다. 공정성이론은 Adams(1965)의 연구로부터 비롯되어진 후 마케팅 분야에는 Hupperts, Arenson and Evans(1978)에 의하여 최초로 도입되어졌다. 공정성 이론에 의하면 소비자는 제품구매를 위한 투입과 이로부터 얻게 되는 산출의 비율과 기업의 투입과 산출 간의 비율을 비교평가하며 그 결과에 의해 만족/불만족이 결정된다고 본다(이학식, 안광호, 하영원, 2003, p.145). 고객만족의 공정성이론 접근은 투입과 산출이 모두 고려된다는 점에서 기대-불일치 패러다임과 서로 다르다.

　또한 고객의 만족형성 이유를 설명하는 주요 세 가지 이론 중의 마지막 이론으로 가치-지각 불균형 이론(value-percept disparity theory)이 있다. 이 이론은 고객의 가치 기준과 평가대상에 대한 지각 비교를 통해 만족이 형성된다고 보는 이론으로, 기존의 기대-불일치 패러다임이 설명할 수 없는, 기대가 존재하지 않는 상황하에서도 적용 가능해 혁신적인 신상품의 경우에 적용 가능성이 높다고 할 수 있다.

　이외에도 Latour and Peat(1979)는 표준들(standards)이나 규범들(norms)이 고객의 만족판단에 영향을 미친다고 주장하였다. Oliver and DeSarbo(1988)의 연구는 고객만족 형성과정에 있어서 여러 가지 변수들의 결합효과(joint effects)도 고객만족에 유의한 영향을 미치는 것으로 나타났다. 보다 최근에는 Mano and Oliver(1993), Price, Arnould, and Tierney(1995) 등의 연구에서는 감정적인 변수들이 고객의 구매 후 반응에 중요한 역할을 하고 있음을 발견하였다.

위에서 살펴본 많은 고객만족 접근이론들은 그들 나름대로의 타당성과 설명력을 갖고 있기는 하지만, 아직도 어떤 모델이 서로 다른 소비상황과 서로 다른 제품들에 대해 가장 잘 적용될 수 있을지는 분명하지 않다(Erevelles, Sunil and Clark Leavitt 1992). 다만 이러한 여러 모델들이 지배하는 상황을 이해함으로써, 고객만족 형성과정에 대한 보다 포괄적인 이해와 접근이 가능할 것이다. 서비스실패와 회복상황에서의 고객만족 형성과정에 관한 연구들은 주요 공정성이론과 기대불일치 패러다임에 의해 이루어져 왔다. 공정성 이론은 서비스실패와 회복상황에서의 고객만족에 영향을 미치는 구체적인 요인을 규명하는 데 있어서 매우 유용한 이론적 접근이며 기대-불일치 패러다임은 서비스회복도 하나의 서비스(회복서비스)로 보고 있으며 만족에 영향을 미치는 구체적 요인의 규명보다는 고객만족 형성과정의 이론적 틀을 제공해주고 있다.

따라서 본 연구는 기대-불일치 패러다임을 이론적 틀로 하며 공정성이론에서 제시된 구체적 요인변수들을 도입하여 두 가지 이론을 통합한 모델을 제시하고 서비스실패와 회복상황에서의 고객만족 형성과정을 보다 포괄적으로 규명하고자 한다. 다음에는 기대-불일치 패러다임과 공정성이론에 대해 보다 구체적으로 살펴보고 그들의 서비스실패와 회복상황의 고객만족 형성과정에 대한 설명력과 장·단점을 제시함으로써 통합 가능성을 논의한다.

1) 고객만족에 대한 기대-불일치 패러다임

기대-불일치이론은(expectation-disconfirmation paradigm) Oliver, Swan and Parasuraman 등에 의해 70년대 후반에 소개된 이론으로 현재 가장 폭 넓게 받아들여지고 있는 소비자 만족/불만족 패러다임이다. Oliver(1980)에 따르면 일반적으로 고객들은 구매 이전에 제품성과에 대한 기대를 형성하고, 제품구매 및 사용을 통하여 경험한 실제제품성과를 자신의 기대 수준과 비교한다는 것이다. 제품성과가 기대보다 못한 것으로 판단된 경우를 부정적 불일치(negative disconfirmation), 제품성과가 기대보다 나았을 경우를 긍정적 불일치(positive disconfirmation), 기대했던 정도이면 단순한 일치(simple confirmation)라고 정의한다. 따라서 단순한 일치 및 긍정적 불일치의 경우에는 만족, 부정적 불일치의 경우에는 고객은 불만족하게 된다는 것이다. 즉, 제품 성과가 기대와 일치하는 정도에 따라 제품/서비스에 대한 소비자의 만족 혹은 불만족이 형성된다고 본다는 것이다. 또한 기대와 성과 간의 불일치가 만족에 영향을 미칠 뿐만 아니라, 성과도 만족에 직접적으로 영향을 미친다.

이후 Oliver and Desarbo(1988)는 불일치 및 성과 외에 기대도 만족에 직접적인 영향을 미친다고 주장하였고, Tse and Wilton (1988)의 연구에서도 기대불일치 패러다임에 기대의 직접효과를 포함시켜 기대불일치 패러다임을 확장시켰다. 이밖에도 많은 연구들이 기대, 기대불일치, 지각된 성과를 모두 포함하여 확장된 기대-불일치패러다임의 유용성을 주장하고 있고, 그에 대한 많은 실증적 지지들이 제시되고 있다. 이와 같이 대부분의 연구에서는 기대-불일치가 고객만족의 중요한 선행요인으로 확인되고 있다(그림 2-5). 다만 고객의 기대, 상품성과, 기대-불일치 등이 고객만족에 미치는

효과 면에 있어서 그 복잡한 상호작용의 메커니즘은 아직도 연구과
제로 남아있다(Yi, 1990).

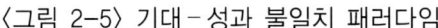

〈그림 2-5〉 기대-성과 불일치 패러다임

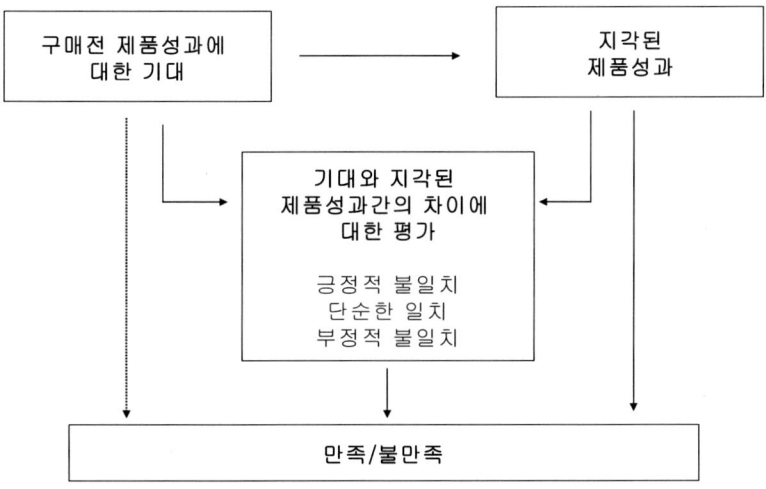

자료원: Richard L. Oliver(1980), "A Cognitive Model of the Antecedents and Consequences of Satisfaction Decisions," *Journal of Marketing Research*, November, pp.460~469; R. B. Woodruff, E. R. Cadotte, and R. L. Jenkins (1983), "Modeling Consumer Satisfaction Processes Using Experience-Based Norms," *Journal of Marketing Research*, August, pp.296~304.

기대-불일치이론은 제품의 구매과정 전반에 대한 만족형성을 설
명하는 도구로서의 유용성은 확립되어 있으나, 실패 후 회복이라는
서비스접점의 특수한 상황을 설명하는 도구로서의 역할에 관한 연구
는 아직 많지 않다. 하지만 교환적인 거래가 있는 곳에서는 반드시
행위주체의 기대와 행위결과가 따르기 마련이다. 따라서 이미 실패
한 서비스라 할지라도 서비스접점에서 실패를 회복할 가능성이 존재

하며, 이에 대해 거래당사자들은 새로운 거래 즉 회복거래에 대한 기대가 형성되고 이에 대한 평가 또한 이루어진다. 즉 기대불일치이론은 서비스실패와 회복상황에서도 적용이 가능하다.

서비스실패를 경험한 고객들은 침묵 등의 소극적인 반응이나 혹은 불평행동 등의 적극적인 반응을 보이면서 실패한 서비스가 회복되기를 기대한다. 이렇듯 서비스 제공자에 의해 회복될 것이라는 기대가 회복기대라 할 수 있다. 또한 이러한 서비스회복기대에 부응하여 서비스제공자는 고객의 불만 해소를 위해 서비스회복노력을 하게 될 것이다. 결과적으로 서비스실패 후 고객이 갖는 서비스에 대한 회복기대가 서비스제공자의 회복노력에 의해 지각된 회복성과와 비교되고, 그 불일치 정도에 따라 고객은 서비스접점에 대한 평가를 할 것이다. 서비스실패에 대하여 고객들이 기대하는 것 이상의 노력을 보여줄 때만 고객을 만족시킬 수 있다. 따라서 기대불일치 패러다임은 기대, 성과 및 불일치의 개념을 회복기대와 회복성과, 그리고 회복불일치의 개념으로 대체되면 서비스실패와 회복과정에서도 그대로 적용이 가능하다.

Kelley and Davis(1994)는 서비스회복에 대한 고객의 기대는 서비스실패가 발생할 때 서비스제공자가 얼마나 효과적으로 서비스실패를 해결할 것인가에 대한 고객의 지각으로 구성된다고 제안하였다. 특히 중요한 요소에 대해서는 기대 수준이 높고 덜 중요한 요소에 대해서는 기대 수준이 상대적으로 낮으며, 최초 서비스보다 서비스실패 후에 동반하는 서비스회복에 대한 기대가 상대적으로 높게 나타날 것이다. McCollough et al.(2000)은 서비스실패와 회복과정에서 고객만족 연구에 회복불일치개념을 도입하였다. 회복불일치는 회복기대와 지각된 회복성과 사이에의 불일치이다. 이들은 회

복기대가 회복성과의 판단이 되는 표준이며, 회복만족은 회복기대
와 지각된 회복성과 및 회복불일치의 함수라고 주장하였다. 또한
Homans(1961)에 따르면 사람들은 그들의 기대 수준보다 낮은 수준
의 보상을 받을 때가 기대 수준과 동일하거나 그 이상의 보상을 받
을 때보다 더 불만족하며, 기대 수준 이상으로 보상을 받을 때가
기대 수준과 같은 보상을 받을 때 보다 더 만족한다고 한다. 즉 부
정적 회복불일치이면 불만족이고 긍정적 회복불일치이면 만족하다
는 것이다. 이들에 따르면 서비스접점 만족은 회복노력의 성과가
회복기대를 충족시키거나 초과할 때 이루어지며, 회복성과가 회복
기대에 미치지 못할 때는 서비스제공자의 회복노력에 대하여 만족
하지 못한다는 것을 예상할 수 있다. 따라서 기대불일치모형에서
기대, 성과 및 기대 불일치가 모두 고객만족에 영향을 갖는 메커니
즘으로 서비스실패와 회복상황에서도 동일하게 적용될 수 있다.

이처럼 기대불일치 이론은 최초 서비스 상황뿐 아니라 서비스회
복상황에서의 고객만족과정에 대해서도 적용 가능함을 보여주고 있
다. 그러나 비록 서비스회복상황에서의 고객만족과정에 대한 설명
으로서의 의의는 지니고 있다 하더라도 서비스실패와 회복상황에서
고객의 회복기대 수준, 지각된 회복성과 수준, 그리고 회복불일치
정도에 영향을 미치는 세부적인 요인들을 규명하지 않다는 문제점
도 지니고 있다.

2) 공정성이론(justice theory)의 접근

서비스실패와 회복상황에서의 고객만족에 관한 또 하나의 관점은
공정성 가설이다.(Goodwin and Ross, 1992; Hocutt, Chakraborty and
Mowen, 1997; Tax, Brown, and Chandrashekaran, 1998). 공정성이론

은 고객의 만족 여부가 고객이 서비스나 상품의 제공자로부터 공정한 대접을 받았다고 느끼느냐에 따라 결정된다고 주장하는 이론으로서 Adams(1963)가 동기이론에서 주장한 공정성의 개념에 바탕을 두고 있다. 즉, 고객은 고객의 순 이득과 판매자의 순 이득을 비교하여 고객의 순 이득이 판매자의 순 이득보다 같거나 크다고 판단할 때 만족한다는 것이다.

공정성이론은 어떤 목적을 위하여 투자 또는 희생한 것과 산출 또는 보상받은 것에 대한 가중치를 비교하는 인지적 과정에 초점을 두며, 자신의 투자와 산출의 비율을 동일한 조건하에 있는 준거대상과 비교를 통하여 이루어진다. 이 이론은 교환이 일어나는 모든 곳에 적용을 할 수 있다. 최근 공정성에 대한 대부분 연구는 공정성의 개념이 3가지 차원, 즉 결과의 공정성, 과정의 공정성, 상호작용의 공정성으로 구성된다고 보고 있다(Goodwin and Ross, 1989; Blodgett, Donna and Stephen, 1997; Tax et al., 1998).

첫째 결과의 공정성(distributive justice)은 고객자신이 구매한 상품이나 서비스를 동일 또는 유사한 상품이나 서비스를 구매한 다른 구매자들과 비교하여 느끼는 최종적인 결과이다. 따라서 서비스실패와 회복상황에서의 결과 공정성은 서비스 제공자의 회복노력에 대한 성과에 중점을 두고 있으며 서비스실패로 인한 회복전략으로 고객에게 제공한 것이 무엇이고, 그 결과가 서비스실패로 인한 비용을 상쇄할 수 있는지의 문제이다. 예를 들어, 세탁소의 실수로 옷감이 상하게 된 경우 변상을 해주는 것은 서비스실패에 대한 유형적인 보상이며 이에 대하여 고객이 자신이 겪은 손해와 불편 등을 비교하여 공정하다고 느끼는 경우 결과의 공정성이 이루어졌다고 할 수 있다. 따라서 서비스 제공자가 서비스실패에 대하여 더 많은 유형적인 보상을 할수록 결과의 공정성 정도는 높아질 것이다. 선행연구에서 제시된 유형적 보상으로는 무료, 할인, 쿠폰, 더 나은 서비스의 무료 제공, 부가 서비스의 무료 제공 등이 있다(Goodwin and Ross, 1992; Blodgett et al. 1997; Tax et al. 1998).

둘째 과정의 공정성(procedural justice)은 결과를 얻기 위하여 이용하는 방법이 공정했는가를 의미하는 것으로 최종결과에 도달하기 위하여 사용되는 과정의 평가라고 할 수 있다. 서비스회복과정에서 서비스 제공자가 사용되어지는 규정이나 회복시스템에 대하여 고객이 평가하는 정도를 말한다. 특히 대부분의 서비스 상품은 상품의 유형적인 측면보다는 서비스종업원의 행위 측면을 더 중요시한다. 따라서 실패된 서비스를 회복하는 데에 있어서 유형적 보상의 제공여부와 함께 회복과정이 적절했는지도 고객의 만족판단에 영향을 미친다. Tax et al.(1998)의 연구는 과정공정성에 영향을 미치는 5가지 요소를 정리하였다. 이를 살펴보면 첫째, 과정통제(process control)로 이는 결정과정에서 의견개진의 자유를 의미한다(Goodwin and Ross, 1992). 둘째, 결정통제(decision control)는 결정된 성과를 받아들이거나 거부할 수 있는 재량권의 정도를 의미한다(Heide and John 1992). 셋째, 접근가능성(accessibility)은 과정 참여의 용이성으로 만족에 영향을 미친다(Bowen and Lawler, 1995). 넷째, 시기적절/속도(timing/speed)는 절차가 완료되는 데 소요된 시간에 대한 고객의 인지로 이는 분노, 불확실성, 만족, 서비스 품질지각 등에 영향을 미친다(Taylor 1994). 마지막으로 유연성(flexibility)은 개별적 상황을 반영하는 절차의 융통성을 의미하고 이는 시장지향성과 고객만족에 영향을 미친다(Bitner et al. 1990).

셋째, 상호작용의 공정성으로 서비스 제공자와 고객 사이의 인간적인 상호관계에 대한 것으로 서비스회복의 과정동안 고객들이 서비스 기업의 종업원들에게 인간적인 상호관계에서 공정하게 대접을 받았는가에 대한 정도의 평가라고 할 수 있다(Blodgett et al. 1997). 서비스품질에 관한 연구에서 제시된 서비스 품질을 결정하는 5가지 요소 가운데 반응성, 확신성, 공감성 등은 상호작용 공정성과 밀접한 관계가 있다. Tax et al.(1998)의 연구는 상호작용 공정성에 영향을 미치는 5가지 요인을 정리하였으며 첫째는 상황설명(explanation/causal account)으로 고객에게 서비스실패에 대한 이유를 설명해주는 것이다. 둘째, 정직함(honesty)은 제공된 정보에 대한 고객이 인지하는 진실성으로 이는 불만처리에 대한 만족에 영향을 미친다(Goodwin and Ross, 1989). 셋째, 공손함(politeness)은 예의바른 행동으로 이는 고객만족과 재구매 의도에 영향 미친다(Blodgett et al. 1997). 넷째, 노력(efforts)은 문제를 해결하는 데 투입된 기업의 긍정적 활동으로 분노와 믿음, 고객만족에 영향을 미친다(Mohr and Bitner 1995). 마지막으로 감정이입(empathy)은 종업원의 관심과 배려 등을 의미하고 서비스품질에 대한 지각과 고객만족에 영향을 미친다(Parasuraman et al. 1988).

공정성이론의 발전 역사는 30여 년 전으로 거슬러 올라가는데, 공정성 개념은 다차원적 구조를 갖는다. 초기의 연구들은 투입과 산출을 쌍방 간에 나누는 방식인 분배적 공정성에 초점을 맞추었다. 자원 할당에 대한 개인의 반응은 자원 할당과정에 영향을 받는다는 Thibaut and Walker(1975)의 연구를 시발점으로 절차적 공정성이 주목을 받기 시작했다. 1987년 Sheppard and Levicki의 연구에서 상호작용 공정성을 처음 제기하였으며 1990년대 후반까지는 과정공정성에 포함된 개념으로 연구되었다가 그 후로부터 독립된 개념으로서의 연구가 이루어지고 있다.

　제품의 경우 잘못이 있을 때 교환해 주면 되지만 서비스의 무형성이라는 특성은 서비스의 실패가 제품의 실패와 같이 쉽게 회복될 수 없도록 한다. 따라서 어떠한 회복의 절차를 통해 공정성을 회복시키는 것이 중요하다. 결과적으로 공정성에 대한 고려가 서비스회복 시스템에서 중요한 역할을 한다. 서비스실패와 회복의 문제에 대한 많은 연구들이 기대-불일치 패러다임에서 시작되었으나 공정성에 대한 인식이 서비스회복상황에서 중요한 역할을 한다는 것이 알려지면서 공정성 이론에 근거해 연구를 확대하는 것이 바람직하다는 주장이 설득력을 얻고 있다.

　Goodwin and Ross(1992)의 연구는 결과 공정성의 지각이 큰 경우, 즉 긍정적인 보상이 이루어진 경우에는 서비스실패에 대한 고객반응에 있어 사과 및 호소(voice)가 높은 상태가 그렇지 않은 경우보다 공정성 지각 및 만족을 향상시키는 반면에, 유형적 보상이 없는 경우에는 사과 및 호소의 효과는 감소하는 것으로 나타났다. Blodgett and Tax(1993)의 연구는 결과적, 상호작용적 공정성 양쪽 모두 중요하나 결과적 공정성이 상호작용적 공정성보다 불평자의 재애호와 부정적인 구전의도에 있어 더욱 큰 결정요인임을 밝혔다. 이와 같이 서비스접점에서 서비스회복노력이 고객만족에 미치는 영향에 관한 연구는 공정성이론 접근방법에 의해서 제시되어왔다. Ruyter and Welzels(2000)는 모든 서비스접점에서 고객들은 공정성을 평가하고 실제 서비스전달을 기대와 비교하여 불일치의 수준을 고려한다고 하였다. 그는 초기의 서비스가 받아들여질 만했건 실패했건 간에 서비스회복은 시작되어야 하며 회복노력은 고객의 기대를 반영하여야 한다고 주장하였다.

　Andreassen(2000)은 서비스회복에 대한 만족도를 결과변수로 설정하고 이에 기대, 인지, 차이, 정당성, 초기의 부정적 영향을 관련 개념으로 구성하는 모델을 제시하고 구조적으로 검증하는 연구를 통해 기대보다는 기대와 수행의 차이가 만족에 보다 큰 영향을 미치고 있다는 결과를 얻었으며 성공적인 서비스회복은 긍정적인 즐거움을 가져다주고 매우 큰 긍정적인 느낌을 창출해 낼 수 있다고 주장하였다. 또한 불평이 있는 사람은 회복의 절차와 물질적 회복 모두에 대한 기대를 가지고 있으며 회복 절차에 있어서는 정당함에 대한 인식이 보다 중요하다고 하였다.

　그러나 이러한 공정성이론이 비록 서비스회복과정에서 고객만족에 영향을 줄 수 있는 세부적인 요인들을 시사하고 있다 하더라도 공정성 개념의 측정문제에서는 일반화될 수 없는 제한점이 있다. 즉, 회복서비스의 결과라고 볼 수 있는 결과 공정성에 있어서 가장 중요한 원칙은 형평성의 원리이다. 이는 고객이 서비스 결과를 평가함에 있어서 자신과 비슷한 상황의 고객이 받은 서비스 결과와 비교하거나, 과거의 경험을 기초로 비교한 후 만족을 결정한다는 것이다. 그러나 현실적으로 볼 때 이러한 경우는 일반적이지 않고 비교대상이 될 수 있는 다른 고객을 접하지 못할 수도 있으며 과거에 유사한 경험을 하지 않은 상태에서 회복서비스를 평가해야 하는 경우도 있다. 이러한 관점에서 본다면 서비스회복상황에서의 고객만족에 대한 설명으로는 기대불일치이론이 보다 현실적이라고 하겠다. 왜냐하면 유사한 서비스회복경험이 있는 고객이나 경험이 없는 고객 모두에게 공통적으로 적용될 수 있는 심리적 요인은 기대 수준의 차이이기 때문이다.

　지금까지의 논의를 종합해 본다면 서비스회복상황에서 고객만족의 심리적 과정에 대한 설명으로서 두 가지 이론은 나름대로의 장·단점을 가지고 있는 것으로 보인다. 즉, 최초 서비스에 대한 고객만족 패러다임인 기대불일치 패러다임은 서비스회복상황에서도 적용 가능한 것으로 보인다. 그러나 이는 회복기대, 회복성과 및 회복불일치 정도에 영향을 주는 세부적인 요인들을 밝히지 않고 있다. 한편 공정성 가설에서는 결과(분배), 과정(절차), 상호작용과 관련된 서비스를 품질차원으로 분류하고 있으나 고객의 공정성 지각에 관한 측정문제에 있어서 특히 분배공정성의 측정방법에 있어서는 일반화할 수 없는 제한점이 있다.

이 두 가지 이론이 지니고 있는 각각의 기여점을 통합함으로써 항공서비스실패와 회복상황에서의 고객만족을 보다 체계적으로 설명할 수 있을 것으로 생각된다. 따라서 본 연구에서는 항공사의 회복노력을 하나의 서비스(회복서비스)로 회복성과는 하나의 서비스품질(회복서비스품질)로 간주하며, 이러한 회복서비스는 절차상의 회복노력과 결과상의 회복노력으로 세분화하고 이들은 고객이 지각된 회복서비스품질(회복성과)에 영향을 미칠 것으로 가정한다.

제3절 항공서비스에 대한 고찰

1. 항공서비스의 개념 및 특성

항공운송 서비스는 생산설비인 항공기를 운항하여 무형재인 운송서비스를 소비자에게 제공하고 그 대가로 징수한 운임으로 수익을 얻는 일종의 영업행위를 말한다(지용선, 1995). 즉 항공운송 서비스

70

에서 주된 속성은 서비스이고, 이것을 보조하기 위해 항공기라는 유형재(有形材)를 이용하여, 설정된 항공노선을 비행하면서 승객을 친절하게 모시고 안전하게 목적지까지 운송해 주는 것이 항공서비스라는 것이다. 이때 승객은 운송서비스를 구입하지만, 그들이 목적지에 도착했을 때에는 구매대가로 받는 유형재는 아무 것도 없고, 단지 비행 중에 경험한 안락함과 편리성, 그리고 객실승무원들의 정중한 서비스와 비행 끝에 무사히 도착한 안도감 등을 경험하게 되는 것이다. 따라서 본 연구에서는 항공운송 서비스 중에서 여객을 대상으로 이루어지는 서비스를 '항공운송 서비스'라고 정의하고자 한다.

항공서비스의 성격을 유·무형의 연속선상에서 파악하면 〈그림 2-6〉과 같이 항공기라는 유형적인 지배보다는 서비스라는 무형성의 지배가 더 크게 작용하는 서비스이다. 또한 항공사의 서비스는 비행기에 탑승하여 목적지까지 여행하는 기본 서비스 상품에서는 소비자들이 중요하게 느낄 만큼 차별화된 서비스를 제공하기 어렵기 때문에 많은 항공사들은 상용고객우대제(常用顧客優待制)나 터미널을 이용한 티켓팅의 편의 등 보조 서비스 추가·강화시킴으로써 자사의 서비스를 차별화 시키려고 노력한다. 본원적 서비스라고 할 수 있는 운송 스케줄 등은 외부적인 제약조건 등에 의해 영향을 많이 받기 때문에 보조 서비스에 신경을 더 쓰는 것이다. 점차 보조 서비스가 본원적 서비스보다도 오히려 더 중요해져 가는 추세이다(이유재, 1998).

서비스를 사람에 근거한 인적 서비스와 설비에 근거한 물적 서비스로 양분하여 보는 견해가 있다(이유재, 1997). 〈그림 2-7〉은 서비스상품의 성격을 설비 혹은 사람에 근거한 정도로 분류한 것이다. 이 분류체계 하에서는 서비스가 사람 중심이냐 아니면 설비 중심이냐 하는 양자 선택이 아니라 양 차원에서 동시에 높고 낮을 수 있다. 항공서비스의 경우 인적 서비스와 물적 서비스가 모두 높은 쪽에 속해 있으므로 항공서비스는 항공기의 좌석, 기내식, 가격, 운송 스케줄뿐만 아니라 종업원 또한 중요하다는 것을 알 수 있다.

〈그림 2-6〉 재화와 서비스 연속체에서의 항공사의 위치

자료원: Shostack, G. Lynn.(1977), "Breaking Free from Product Marketing", *Journal of Marketing*, 41(2), p.77.

〈그림 2-7〉 서비스상품의 성격에 따른 분류

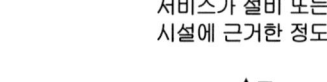

자료원: 이유재(1998), 서비스마케팅, 서울: 학현사, p.48.

Parasuraman et al.(1985)은 광범위한 문헌조사를 통해 서비스는 무
형성(intangibility), 생산·소비의 비분리성(inseparability of production
and consumption), 이질성(heterogeneity), 소멸성(perishability) 등
과 같은 특성을 지니고 있다고 하였는데 항공운송 서비스에 부합되는
특성으로는 무형성, 재고불가능성, 소유권의 비이전성, 변동성, 서비
스품질 측정의 곤란성 등의 다섯 가지를 지적할 수 있다.

서비스를 제품과 구별하는 가장 기본적인 특성은 무형성이다. 서
비스는 보고, 듣고, 느끼고, 만져지고, 맛보고, 냄새 맡을 수 있는
등의 방법으로 평가할 수 있는 사물이 아니라 형태가 없는 행위,
수행, 노력 등으로 인식된다. 항공서비스는 이 무형성이 지배적인
서비스상품이고 노동집약성이 대단히 높은 서비스이면서 항공기와
공항과 같은 유형의 서비스를 뒷받침하는 서비스라고 할 수 있다.
항공서비스의 무형성은 고객으로 하여금 서비스품질을 탑승 중 및
후에 인지할 수밖에 만듦으로써 위험을 높게 지각하게 한다. 고객
은 이러한 불확실성 또는 위험을 최소화하기 위해 항공사의 평판이
나 이미지에 관심을 표명하는 탐색과정을 거치거나 서비스품질에
관한 증거의 추구 또는 이용 경험 후에 형성된 만족감과 상표충성
도에 크게 의존하게 된다(Wilson, 1992). 따라서 항공사는 추상적이
고 무형적 제공물인 항공서비스에 대해 유형적인 단서, 즉 운항횟
수, 운항소요시간, 목적지 도착시간, 비행기의 기종, 기내 식음료,
종업원의 유니폼 등과 같은 부분에 대해 강조하거나 증거를 제시하
는 것은 고객의 문제해결에 도움을 줄 수 있다.

재고의 불가능성도 항공서비스의 중요한 특성인데, 이것은 Rathmell
(1974)이 '재화는 생산되지만 서비스는 수행된다.'라고 정의한 것에서
명확해진다. 이 양자의 구분으로 제품의 편익은 소유와 제품속성에서

나오며 서비스는 수행에서 생성된다고 볼 수 있다. 이것이 시사해주는 의미는 정기항공의 경우, 좌석이 해당 운항 편에서 모두 판매되지 못하면 해당 편에서의 판매기회는 상실되고 마는 한시적 속성을 가짐을 뜻한다. 이렇게 되면 항공사는 기회비용의 증대에 직면하게 되므로 좌석이용률의 제고방안을 모색해야 하는 과제를 안게 된다.

다음은 소유권의 비이전성의 특성으로서, 이것은 고객이 항공서비스를 구매하여 비행 후 목적지에 안착했을 때 구매대가로 취득하는 유형재는 아무 것도 없다는 것이다. 또한 항공서비스의 변동성으로서, 서비스의 수요가 경제적 요인과 사회적 요인, 자연적 요인 그리고 계절적 변동성에 의해 영향을 많이 받으므로 이를 수행해야 하는 항공사의 생산활동도 자연히 불연속적이 될 수밖에 없다. 뿐만 아니라 서비스를 제공하는 과정 및 서비스품질에 대한 고객의 지각도 이러한 요인들의 영향을 받을 수 있으므로 항공사는 서비스실패를 최소화하기 위해 이러한 요인들의 영향을 파악하고 통제해야 한다.

마지막의 특성은 서비스품질을 측정하기 어렵다는 점이다. 항공서비스의 무형성, 재고 불가능성으로 인해 항공서비스 제공자가 제공한 모든 서비스에 대한 품질 수준을 측정하기가 어렵다. 또한 항공서비스의 수행 시에 동질적인 서비스요소를 투입했다하더라도 고객의 만족수준은 주관적인 평가에 의해 이루어지므로 이를 계량화하기가 어렵다. 그러므로 항공사는 서비스품질의 기준을 설정하여자 항공사의 서비스에 대한 고객의 만족수준을 주기적으로 평가·분석하는 조사활동을 전개할 필요가 있다.

이러한 항공서비스의 특성 때문에 고객을 만족시키기 위해 서비스의 질을 지속적으로 개선하는 것이나 고객 지향적인 문화와 우수한 서비스제공프로그램을 구축하여도 완벽한 서비스를 고객에게 전달하는 것은 쉽지 않다. 따라서 고객이 항공서비스를 구매하거나 소비할 때 기대된 성과나 유용성(효용)을 제시하여 주지 못하는 경우, 즉 서비스실패가 발생할 가능성이 다른 산업보다 높다고 할 수 있다. 따라서 항공사는 고객만족 및 충성을 확보하기 위해 서비스 품질을 제고하는 데 서비스의 실패 및 이에 따른 회복전략을 강조할 필요가 있다.

2. 항공서비스의 분류

항공서비스는 예약, 탑승수속, 차량연계, 발권(ticketing), 요금제시, 호텔과 여행사 등 관광기업과 연계성 등을 포함하는 공간과 인적서비스의 결합물이라 할 수 있으며 주로 물적 서비스와 인적 서비스, 기내 서비스와 지상 서비스, 항공운송패키지 서비스로 분류할 수 있다.

물적 서비스는 제품, 환경, 서비스 제공시스템으로 구분되며, 유형적인 측면에 있어서 가장 중요한 요소는 바로 제품요인이라고 할 수 있고, 인적 서비스는 일선종업원들의 고객지향적 사고방식 즉, 종업원들의 서비스마인드를 말하는 것이다. 기내서비스는 객실서비스 및 기내식음료의 제공으로서 객실 내에서 이루어지는 서비스를 말하는 것이고, 지상서비스는 항공권의 예약, 발권 등과 같은 지상에서 이루어지는 서비스를 말하는 것이다.

또한 항공운송패키지 서비스는 핵심서비스와 보조서비스로 분류하고 있으며, 항공서비스에 있어서 핵심서비스는 이동과 관련된 항공운송을 말하는 것이며, 보조서비스는 항공여행 정보안내, 기내식음료의 제공, 기내 승무원들의 서비스로 분류하고 있다. 즉 항공사는 운송서비스의 실현을 위해 항공기를 매개로 여객을 안전하게 목적지까지 운송해 주는데 목적을 두지만, 그 과정에는 항공예약, 발권, 탑승수속, 기내식음료 및 승무원의 서비스제공, 그리고 수화물의 인도 등 다양한 서비스의 조합과 전개가 요청된다. 이렇게 보면 그 패키지에는 핵심서비스와 주변서비스가 있음을 알게 되는데, 여객운송이 핵심서비스이고 기타 요소는 주변서비스가 된다.

3. 항공사의 서비스품질 구성요인

Parasuraman et al.(1988)는 초점집단 면접(focus group interview)에 의한 연구를 통하여 소비자들이 서비스유형에 따라 서비스품질 평가항목의 상대적 중요도에는 차이를 보일지라도 기본적으로 유사한 평가기준을 가지고 있음을 밝혀내고, 서비스산업에 보편적으로 적용할 수 있는 '서비스품질의 결정요소'의 다섯 가지 차원, 즉 유형성, 신뢰성, 반응성, 확신성, 공감성을 제시하였다. 이 다섯 가지 서비스품질 결정요소는 항공서비스에 있어서는 신뢰성은 일정에 따른 목적지로의 출발과 도착, 반응성은 발매, 탑승, 수하물 처리에 대한 신속하고 빠른 대응, 확신성은 신인도, 탁월한 안전기록, 유능한 종업원, 공감성은 고객의 특별한 요구에 대한 이해, 고객욕구의 예측, 마지막으로 유형성은 항공기, 발매소, 수하물지역, 유니폼 등으로서 판단할 수 있다.

한편, 차현수(1995)는 기존의 연구들을 바탕으로 항공서비스품질을 실증한 결과 크게 다섯 개의 요인으로 서비스품질 차원을 나누었다. 즉 신뢰성, 쾌적성, 접근성, 안정성, 유형성이다. 박종학(1997)은 항공서비스품질 구성요인을 유형성, 신뢰성, 반응성, 설득성, 공감성으로 나누고 이 다섯 가지 요인들이 고객만족과 고객충성도에 미치는

영향을 실증하였다. 또한 정동렬(1997)은 항공사 서비스품질의 결정
요소를 10 가지 차원으로 보았으며 이에 대한 구체적인 설명은 다음
의 〈표 2-7〉과 같다.

〈표 2-7〉 항공사의 서비스품질 결정요인

서비스품질 결정요인	내 용
신뢰성 (reliability)	약속된 서비스를 정확하게 수행하는 능력
대응성 (responsiveness)	서비스제공자의 기꺼움 또는 준비성, 서비스의 적시성, 거래착오의 즉각적 통지, 빠른 응답, 신속한 서비스 제공 등
숙련성 (competence)	서비스를 수행하는 데 요구되는 숙련과 지식의 소유, 접촉자의 지식과 숙련, 조직의 연구능력 등
접근성(acess)	접근의 용이함, 전화로 쉽게 접근, 전화 대기시간, 편리한 영업시간, 편리한 입지 등
예절(courtesy)	고객접촉자의 정중, 경의, 헤아림, 친절, 고객의 재산에 대한 고려, 접촉자의 청결하고 산뜻한 외모 등
커뮤니케이션 (communication)	광고 홍보의 진실성, 서비스의 내용에 대한 설명, 고객이 쉽게 이해할 수 있는 어휘 및 언어사용 등
신용(credibility)	신뢰, 믿음, 정직, 회사명, 회사의 명성, 접촉자의 개성, 서비스제공자의 진실성, 정직성 등
안전성(security)	위험, 의심으로부터의 자유, 육체적 안전, 금전적 안정, 비밀보장 등
고객에 대한 이해 (understanding the customer)	고객욕구의 이해 노력, 고객의 특정한 욕구를 이해, 개별적인 주목, 정규고객의 인지 등
유형성 (tangibles)	서비스의 물리적 증거, 물리적 설비, 외모, 서비스제공자에 사용되는 도구 또는 장비, 서비스의 물리적 표현, 서비스시설 내의 다른 고객들 등

자료원: 정동렬(1997), 항공서비스의 품질과 고객: 서비스차별화 사례와 서비스
품질 결정요소. *항공진흥* 14, pp.95-103.

제3장 실증연구 설계

제1절 연구모형의 설정

제2장에서 서비스실패와 회복에 관한 기존연구와 적용 이론들을 살펴본 바와 같이 항공서비스실패가 발생 후 항공사는 결과와 과정 차원에서 서비스실패에 대한 회복노력을 시도할 것이며 고객들은 또한 이 두 가지 차원(상호작용 차원과 과정 차원을 단일화시켰음)에서 서비스의 회복성과를 지각할 것이다. 즉, 회복성과는 결과적 차원의 회복노력, 과정적 차원의 회복노력에 의해 결정된 것으로 가정할 수 있다.

또한 서비스실패의 심각성과 실패에 대한 귀인추론은 서비스회복에 대한 기대에 영향을 미칠 것이며, 실패의 심각성 정도와 실패에 대한 귀인추론결과에 따라 회복기대의 수준도 다를 것이다. 회복에 대한 기대 수준, 지각된 회복성과 수준, 그리고 이들로 결정된 회복불일치 수준이 모두 서비스접점 만족에 영향을 미칠 것으로 예상된다.

마지막으로 서비스실패의 심각성과 귀인추론 결과 및 두 가지 차원에서의 회복노력이 서비스접점 만족에 대한 직접적인 영향효과도 존재한다고 가정할 수 있다.

따라서 이러한 변수 간의 관계를 정리하면 다음의 〈그림 3-1〉과 같이 항공서비스의 실패와 회복상황에서의 고객만족을 설명하는 연구모형을 구성할 수 있다.

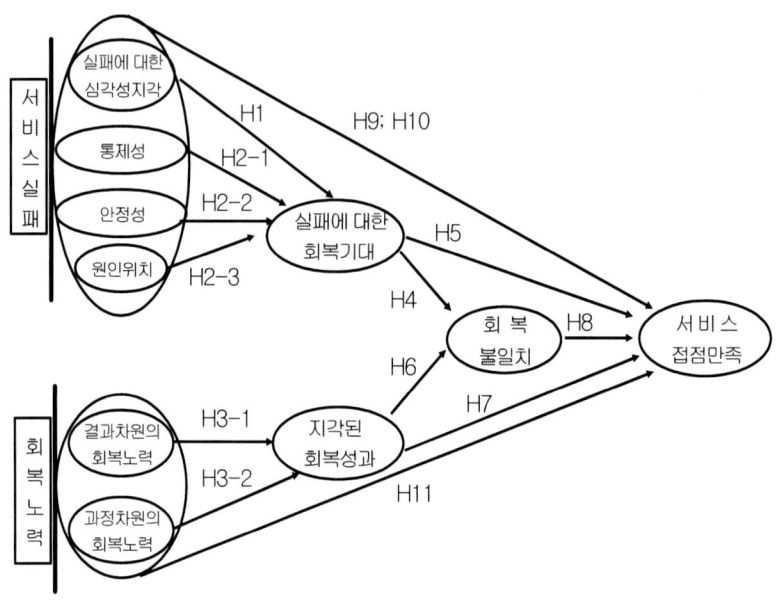

〈그림 3-1〉 연구모형

제2절 연구가설의 설정

1. 서비스실패의 심각성지각과 회복기대의 관계

본 연구모형에서는 항공 서비스실패가 발생되는 경우에 실패의 심각성과 실패에 대한 원인추론이 회복의 기대에 영향을 미치는 것으로 가정하고 있다. 지금까지의 서비스실패의 심각성을 다룬 연구는 그리 많지 않았으나 그중 하나인 Gilly and Gelb(1982)의 연구는 서비스실패에 의해 야기된 그 문제가 심각할수록 서비스회복에 대한 기대도 더욱 높아지기 때문에 회복노력을 통한 고객만족의 가능성도 감소할 것이라고 주장하였다. 또한 Churchill and Surprenant(1982), Oliver(1980), Westbrook and Joseph(1980) 등은 서비스문제가 심각하면 할수록 서비스회복에 있어서의 고객만족은 더욱 낮아질 것이라는 것을 가설화하여 실증적으로 검정하였다. 이 가설은 손실이 크면 클수록 불평자의 기대는 더욱 높아질 것이라는 가정에 근거한다.

Brown and Beltramini(1989)의 연구는 서비스실패가 심각할수록 서비스문제에 대해 사용자가 지각하는 불편이 증가함을 보여준다. 더욱이 서비스실패의 심각성과 지각된 불편 양쪽 모두는 구전에 직접적인 영향을 미치는 것으로 밝혀졌다. Hoffman et al.(1995)은 서비스실패의 심각성과 회복률 간의 유의적인 부정적 상관관계를 밝혀, 서비스문제가 심각할수록 서비스회복이 더욱 어렵다는 것을 증명하였다. 또한 Firnstahl(1989)는 서비스문제가 심각할수록 심리적 비용, 시간비용, 불편과 같은 요소들을 포함하는 격론(hassle)요인으로 인하여, 서비스실패에 대한 회복기대도 높아지므로 회복하기가 어렵고 더욱 큰 불만족의 기회를 초래할 것이라고 주장하였다.

항공서비스에 있어, 출발시간이 5시간 이상 지연되는 서비스실패가 발생되면 1시간 정도 지연되는 경우에 비해 고객들은 심각성을 보다 높게 지각할 수 있으며 이에 따라 회복기대가 1시간 지연되는 경우보다 높아질 것이다. 따라서 이러한 논의를 기초로 다음과 같은 가설을 설정하였다.

가설1: 고객의 서비스실패에 대한 심각성지각 정도가 높을수록 실패에 대한 회복기대 수준이 높아질 것이다.

---

2. 서비스실패에 대한 귀인추론과 회복기대의 관계

소비자는 제품/서비스를 구매 후 구매한 제품/서비스에 대해 기대일치를 하면 내적 귀인을 하게 되며 기대불일치를 하면 외적 귀인을 하게 된다. Folkes(1984)는 구매상황에 불만족하게 되는 이유는 원인의 소재(locus of causality), 안정(stability) 그리고 통제력(controllability)에 근거하고 제품/서비스의 실패를 안정적인 것으로 귀인하는 경우에는 미래 실패에 대한 기대 및 선호되는 회복유형에 영향을 미칠 것이며, 제품/서비스실패에 대한 외적인 귀인을 하는 경우에는 서비스 제공자의 환불 및 사과 등 회복노력을 기대하게 된다고 주장하였다.

Clabaugh, Mason and Bearden(1978)은 대부분의 만족소비자는 귀인을 하지 않거나 내적 귀인을 한 반면에 불만족 소비자는 제품이나 서비스의 문제에 대하여 대부분 외적귀인을 한다고 주장하였다. 또한 불평 소비자와 비불평 소비자 사이에는 원인의 소재에 차이가 있었으며 외적귀인을 하는 소비자가 불평을 더 많이 하는 것을 발견하였다.

Richins(1979)는 그의 불평과정 모델에서 소비자는 불만족의 원인과 책임에 대해 귀인을 하며, 원인의 귀인과 책임의 귀인이 불평행동에 영향을 미칠 것임을 밝혀냈다. 또한 소비자는 불만족의 원인을 자기 자신보다 제조업자나 소매업자와 같은 외적인 요소에 귀인 했을 때 불평행동을 더 많이 한다고 설명하였다.

항공서비스에 있어 출발시간이 지연되는 서비스실패가 발생되면, 고객들은 지연이 발생한 이유에 대해 추론할 것이다. 즉, 제시간에 출발하지 못하는 항공사의 책임이냐 본인의 책임이냐, 이러한 문제는 항공사로서 통제가능한 것이냐 불가능한 것이냐, 문제가 일시적인 것이냐 지속적인 것이냐 등에 대해 추론 할 것이다. 이들에 대한 추론결과에 따라 항공사의 회복에 대한 기대가 차이가 있을 것이다. 따라서 이상의 논의를 기초로 다음과 같이 가설을 설정하였다.

가설2: 서비스실패에 대한 원인의 소재, 원인의 안정성 및 통제가능성에 대한 추론결과는 회복에 대한 기대 수준에 유의한 영향을 미칠 것이다.

가설2-1: 서비스실패 원인에 대하여 서비스 제공자가 통제 가능한 것으로 추론될수록 회복기대 수준이 높아질 것이다.

가설2-2: 서비스실패에 대한 원인이 안정적인 것으로 추론될수록 회복 기대 수준이 높아질 것이다.

가설2-3: 서비스실패에 대한 원인의 소재가 고객보다는 서비스 제공자에게 있다고 추론될수록 회복기대 수준이 높아질 것이다.

---

3. 회복노력과 지각된 회복성과의 관계

공정성이론을 기초로 한 기존연구에 따르면 서비스실패를 경험한 소비자들은 세 가지 차원에서 서비스회복성과를 평가한다. 즉, 서비스제공자의 결과적 차원에서, 절차적 차원에서, 상호작용적 차원에서의 회복노력은 고객의 서비스회복성과 지각에 영향을 미칠 것이다. 그러나 그동안의 공정성이론을 접목한 서비스회복 연구들은 대부분 결과적인 차원에 초점을 두고 있어 절차적 차원과 상호작용적 차원은 상대적으로 소홀히 다룬 분야이다.

　Bitner et al.(1990, 1994)의 연구는 불만족을 야기하는 것은 단지
최초의 서비스실패라기보다는 오히려 서비스회복과 관련된 실패에
대한 종업원의 반응이므로 결과적인 차원에서의 회복노력뿐만 아니
라 과정적인 차원에서의 회복도 필요하다고 주장하였다. 즉, 보상,
환불 등 결과적인 차원에서의 회복노력과 같이 문제해결의 신속성,
효율성 등 절차적 차원에서의 회복노력도 고객의 지각된 전반적인
회복성과에 영향을 미칠 것이다. 또한, 실패를 경험한 고객에게 공
손함, 친절, 사과, 관심, 노력 및 동정 등을 전달하는 상호작용적 차
원에서의 회복노력도 회복에 대한 평가를 향상시킬 수 있다.(Hart
et al. 1990; Kelley et al. 1993)

　한편 각 차원 간 회복노력의 상대적 중요성도 여러 연구결과에
따라 다르게 나타나고 있다. Blodgett and Tax(1993)는 시나리오를
통한 유사실험 설계에 기초한 연구에서는 결과적, 상호작용적 회복
이 모두 중요하나 결과적 회복성과는 상호작용적 회복성과보다도
불평자의 재애호와 부정적인 구전의도에 있어서 더욱 큰 결정요인
임을 밝혔다. 그러나 고객의 실제 경험으로부터 자료를 모은
Blodgett, Wakefield and Barnes(1995)의 후속 연구는 선행된 연구
결과와는 상반되게, 소매기업의 회복노력에 대해 고객이 지각한 상
호작용적 회복성과는 결과적 성과보다도 구전과 판매자를 재애호하
는 의도에 대한 더욱 중요한 결정요인임을 밝혔다. 본 연구에서는
통계 분석방법의 한계 등으로 과정적 회복노력과 상호작용적 회복
노력을 단일화하였다. 이것은 선행된 공정성과 관련된 마케팅 연구
에서 상호작용적 공정성은 과정적 공정성 차원으로 흔히 다루어졌
기에(McCollough, 1995), 과정 차원에서의 회복노력과 상호작용 차

원에서의 회복노력을 하나로 단일화하는 것은 별 무리가 없을 것으로 판단된다.

항공서비스의 경우, 출발지연이란 실패에 대한 결과적 차원에서의 회복전략으로는 할인, 환불 등 유형적 보상의 제공을 들을 수 있으며 과정적 차원에서의 회복으로는 신속한 응대, 지연원인의 설명, 사과, 최대한 빨리 출발할 수 있도록 조치를 취하는 것을 들 수 있다. 항공사의 이러한 회복노력은 고객의 지각된 항공사의 회복성과에 영향을 미칠 것이다. 따라서 서비스회복노력과 지각된 회복성과의 관계에 관한 가설은 다음과 같이 설정할 수 있다.

가설3: 각 차원에서의 회복노력은 고객의 지각된 회복성과 수준에 긍정적인 영향을 미칠 것이다.

가설3-1: 결과적인 차원에서의 회복노력이 많을수록 고객의 지각된 회복성과 수준에 긍정적인 영향을 미칠 것이다.

가설3-2: 과정적인 차원에서의 회복노력이 많을수록 고객의 지각된 회복성과 수준에 긍정적인 영향을 미칠 것이다.

---

4. 회복기대, 회복성과, 회복불일치, 서비스접점 만족 간의 관계

앞에 제시된 연구모형에서, 소비자의 서비스접점 만족과정은 회복에 대한 기대(expectation of service recovery), 지각된 회복성과(perceived performance of service recovery), 회복불일치(disconfirmation of service recovery), 그리고 서비스접점 만족(satisfaction of service encounter)의 네 가지 구성개념으로 표시하였다. Oliver(1977, 1980)는 기대와 불일치는 서로 관계가 없고 만족에 대해 가법적인 효과(additive effects)를 갖는다고 주장하였으나, 불일치의 개념이 지각된 성과와 기대와의 차이이고 따라서 기대가 높으면 부정적으로 불일치(negatively disconfirmed)되기 쉬울 것이므로 두 개념 간에 관계가 있는 것으로 파악하는 것이 보다 타당할 것이다(Yi, 1990).

이와 같이 본 연구에서 회복기대는 회복불일치(긍정적 불일치)에 부(負)의 효과를 미치며, 서비스접점만족에도 직접적으로 영향을 미칠 것으로 가정할 수 있다. 지각된 성과와 불일치 간의 관계에 대해서는 많은 연구들이 강한 정(正)의 관계를 밝히고 있다(Cadotte et al., 1987; Oliver and DeSarbo 1988; Yi, 1993). 따라서 본 연구에서도 지각된 회복성과는 회복불일치(긍정적 불일치)에 긍정적인 영향을 미칠 것이며, 또한 서비스접점 만족에도 직접적인 영향을 미칠 것으로 예측된다. 끝으로 본 연구에서는 서비스회복기대와 지각된 회복성과에 의해 결정되는 회복불일치(긍정적 불일치)는 서비스접점 만족에 긍정적인 영향을 미칠 것으로 기대된다. 이상의 변수 간의 관계를 정리해 보면 다음과 같이 가설을 세울 수 있다.

가설4: 서비스실패에 대한 회복기대가 회복불일치(긍정적 불일치)의 지각수준에 부정적인 영향을 미칠 것이다.

가설5: 서비스실패에 대한 회복기대가 서비스접점만족에 직접적인 영향을 미칠 것이다.

가설6: 지각된 회복성과가 지각된 회복불일치(긍정적 불일치) 수준에 긍정적인 영향을 미칠 것이다.

가설7: 지각된 회복성과 수준이 직접적으로 서비스접점만족에 긍정적인 영향을 미칠 것이다.

가설8: 서비스실패에 대한 회복기대 수준과 지각된 회복성과 수준 간의 차이(긍정적으로 지각된 회복불일치수준)가 서비스접점 만족에 긍정적인 영향을 미칠 것이다.

5. 서비스실패, 회복노력, 서비스접점만족 간의 관계

Spreng et al.(1995)은 이사 중의 이삿짐에 대한 손상 정도와 이사 서비스에 대한 전반적인 고객만족 간에는 부정적인 관계가 있음을 밝혔다. 이와 더불어 Weun(1997)의 연구에서도 서비스실패에 대한 고객이 지각한 심각성은 고객만족에 부정적인 영향을 미친다는 사실이 밝혀진 바 있다. 또한, Oliver and DeSarbo(1988)는 귀인적 추론 결과가 소비자의 만족판단에 영향을 미친다고 주장하였으며, Bitner(1990)는 고객만족, 서비스마케팅, 그리고 귀인이론을 합성하여 서비스접점 평가를 이해하기 위한 모델을 제시하면서 서비스실패에 대한 고객의 귀인추론과 서비스접점 만족 간에 관계가 있음을 밝혔다.

한편 Gilly and Gelb(1982)의 연구는 금전적 손실을 입은 고객의 경우에 있어서 금전적 손실의 변제정도(즉 결과적 차원에서의 회복성과)는 고객만족의 수준과 유의적인 상관관계가 있는 것으로 분석되었다. 또한 문제를 해결하는 시간(즉 과정적 차원에서의 회복성과)은 금전적인 손실 겪은 고객을 위해 불평 처리에 있어서 고객만족과는 유의적인 상관을 보이지 않는 반면, 비금전적인 문제를 겪은 고객에게는 유의적인 상관관계가 있는 것으로 분석되었다. Tax and Chandrashekaran(1992)은 우수한 서비스회복은 서비스 경험의 전반적 평가에 긍정적인 영향을 준다는 것을 발견하였다. Hart et al.(1990)와 Kelley et al. (1993)은 서비스 제공자의 사과는 서비스실패를 경험한 고객에게 공손함, 친절, 관심, 노력 및 동정을 전달하며, 접점에 대한 평가를 향상시킬 수 있다고 주장하였다. Tax et al.(1998)은 상호작용적 회복노력이 서비스접점 만족판단에 영향을 미친다고 주장하였다.

따라서 이상의 논의를 기초로 다음과 같이 가설을 설정하였다.

가설9: 서비스실패의 심각성 정도가 서비스접점만족에 부정적인
        영향을 미칠 것이다.

가설10: 서비스실패에 대한 귀인추론 결과가 서비스접점만족에
         유의한 영향을 미칠 것이다.
가설10-1: 서비스실패에 대한 원인에 대하여 서비스 제공자가 통
           제가능한 것으로 추론될수록 서비스접점만족이 낮아질
           것이다.
가설10-2: 서비스실패에 대한 원인이 안정적인 것으로 추론될수
           록 서비스접점만족이 낮아질 것이다.
가설10-3: 서비스실패에 대한 원인의 소재가 고개보다는 서비스
           제공자에게 있다고 추론될수록 서비스접점만족이 낮
           아질 것이다.

가설11: 서비스실패에 대한 회복노력은 서비스접점만족에 유의한
         영향을 미칠 것이다.
가설11-1: 결과적 회복노력이 높을수록 서비스접점만족이 높아질
           것이다.
가설11-2: 과정적 회복노력이 높을수록 서비스접점만족이 높아질
           것이다.

제3절 실증조사의 설계

앞에 제시된 연구모형과 연구가설들을 검정하기 위해 실증조사를 실시하였다. 본 절에서는 조사대상자의 선정, 조사방법, 변수들의 조작적 정의, 시나리오 및 설문지의 구성, 통계분석방법 등을 제시하였다.

본 연구는 항공서비스실패 및 이에 따른 항공사의 회복노력에 대한 고객의 지각을 연구하는 데 있어 실패와 회복을 동시에 경험한 항공서비스 이용고객에게 접근하기 어렵고 통제된 실험적 환경의 설정이 어려움으로 가상적 시나리오에 바탕을 둔 유사실험 설계에 따라 수행됐다. 시나리오에 의한 실험은 비용이 많이 들어가거나 피실험자에게 접근하기 어려운 경우에 실험내용이 쉽게 조작화되도록 해주며, 관리가 불가능한 변수들에 대하여 통제할 수 있게 하고 시간의 단축을 용이하게 하는 장점이 있다(Bitner, 1990).

1. 변수의 조작적 정의 및 측정방법

〈표 3-1〉은 연구모형에 나타난 변수들의 조작적 정의를 나타내고 있다. 먼저 항공서비스실패에 대한 심각성 지각은 고객이 지각한 서비스 문제의 심각 정도로 정의되며 이에 대해 Weun(1997)의 척도를 참고하여 본 연구에 맞게 수정하여 2항목으로 측정하였다. 항공서비스실패에 대한 귀인추론은 안정성, 통제성, 원인위치 등 3가지 하위변수로 구성되는데 안정성은 고객이 항공서비스실패가 발생되는 원인이 일시적인가 또는 지속되는가에 대한 지각이며 통제성

은 서비스실패가 통제가능한 것인가 또는 통제불가능한 것인가에 대한 고객의 지각이라고 정의되며 Folkes(1984)의 척도를 참고하여 본 연구에 맞게 수정한 후 측정하였다. 원인위치는 실패가 고객 자신에 의해 유발되었는가 또는 항공사 때문에 발생되었는가에 대한 고객의 지각이라고 정의되며 이에 대해 내적귀인과 외적귀인을 양 끝으로 하는 2개 문항으로 측정하였다. 서비스 실패의 심각성과 귀인추론에 관한 측정척도들은 모두 리커트 7점 척도를 사용하였다.

항공서비스실패에 대한 회복기대는 서비스실패가 발생할 때 항공사가 얼마나 효과적으로 서비스실패를 해결할 것인가에 대한 고객의 기대이라고 정의되며 이에 대해 Kelley and Davis(1994)의 척도를 참조하여 본 연구에 맞게 수정하여 4개 항목으로(7점 척도)측정하였다.

항공사의 서비스회복노력은 결과적 차원의 회복노력과 과정적 차원의 회복노력 등 두 가지 하위변수로 구성되어 있는데 결과적 회복노력은 항공사가 실패를 회복하기 위해서 고객에게 제공한 결과(보상)로 정의되며 과정적 차원의 회복노력은 항공사가 실패를 회복하기 위해 절차와 과정 차원에서의 노력(신속성, 반응성, 적절한 문제해결방식, 관심, 사과 등)으로 정의된다. 이 두개 차원의 회복노력은 Smith(1997)의 척도를 참조하여 각각 2개, 6개 문항으로(7점 척도) 측정하였다.

<표 3-1> 변수의 조작적 정의 및 측정방법

변 수		조작적 정의	측 정
지각된 심각성		고객이 자각된 항공서비스실패의 심각정도	2 항목 리커트 7점척도
귀인 추론	통제성	항공서비스실패가 통제가능한 것인가 또는 통제불가능한 것인가에 대한 고객의 지각	2 항목 리커트 7점척도
	안정성	고객이 항공서비스실패가 발생되는 원인이 일시적인가 또는 지속되는가에 대해 지각	2 항목 리커트 7점척도
	원인 위치	항공서비스실패가 고객 자신에 의해 유발되었는가 또는 항공사 때문에 발생되었는가에 대한 고객의 지각	2 항목 리커트 7점척도
회복기대		항공서비스실패가 발생할 때 항공사가 얼마나 효과적으로 서비스실패를 해결할 것인가에 대한 고객의 기대	4 항목 리커트 7점척도
결과적 회복노력		항공사가 실패를 회복하기 위해서 고객에게 제공한 결과(보상)	2 항목 리커트 7점척도
과정적 회복노력		항공사가 실패를 회복하기 위해 절차와 상호관계 차원에서의 노력(신속성, 반응성, 적절한 문제해결 방식태도, 공손함, 관심 등)	6 항목 리커트 7점척도
지각된 회복성과		고객이 항공사의 회복노력에 대한 주관적인 평가	3 항목 리커트 7점척도
회복 불일치		회복불일치는 회복에 대한 기대와 고객이 지각된 회복성과 간의 차이	2 항목 리커트 7점척도
서비스 접점만족		항공서비스실패와 회복과정의 모든 경험에 기초한 항공사에 대한 고객의 전반적인 감정과 평가	3 항목 리커트 7점척도

지각된 회복성과는 고객이 항공사의 회복노력에 대한 주관적인 평가로 정의되며 회복불일치는 회복에 대한 기대와 고객이 지각된 회복성과 간의 차이로 정의된다. 이에 대하여 기존의 기대-불일치에 관한 연구 및 McCollough et al.(2000)이 사용한 척도를 본 연구에 맞게

수정하여 각각 3문항 및 2문항으로(7점 척도) 측정하였다. 마지막으로 서비스접점 만족은 항공서비스실패와 회복과정의 모든 경험에 기초한 항공사에 대한 고객의 전반적인 감정과 평가로 정의하며 Teo and Lim(2000)의 연구를 참조하여 3개 문항으로 측정하였다.

2. 시나리오 및 설문지의 개발

본 연구는 항공서비스실패와 회복상황에서의 실패 및 회복노력과 서비스접점만족 간의 관계를 기대불일치 이론과 공정성이론을 적용하여 파악하고자 한다. 이에 따라 Weun(1997), Smith(1997), 이호정 (2002) 등의 기존연구 시나리오를 참조하여 본 연구의 목적에 맞게 항공사를 대상산업으로 16개의 시나리오를 개발하였다. 즉, 4개의 변수들, 서비스실패 부분에서의 실패의 심각성과 실패의 통제가능성 (실패에 대한 귀인추론), 서비스실패에 대한 회복노력 부분에서의 결과적 회복노력, 과정적 회복노력 등으로 조작된 총 16(2×2×2×2)개의 시나리오가 개발되었다. 이들 변수들 모두는 두 개의 수준, 즉, 심각성의 높음/낮음, 통제성의 가능/불가능, 결과적 회복노력의 우수/열악, 과정적 회복노력의 우수/열악을 포함한다.

한편 항공서비스실패의 원인위치에 대하여는 가상적으로 조건에 맞는 경쟁 항공사의 서비스 수준이 떨어지고 연착이 가끔 발생한다는 소문이 있지만 가격이 저렴한 경우와 그 반대의 경우로 상정하여 응답자가 저렴한 항공편을 이용하도록 함으로써 내적 귀인의 가능성을 포함시켰다. 원인의 안정성 여부는 응답자의 주관적 판단에 맡기기로 하였다. 〈표 3-2〉는 본 연구에 활용된 16개 시나리오의 구성을, 〈표 3-3〉은 시나리오의 개요를 보여주고 있으며 구체적인 시나리오 내용은 부록에 나타나 있다.

개발된 시나리오를 기초로 하여 모두 16가지 유형의 설문지를 설계하였다. 설문지는 앞 〈표 3-1〉에서 나오는 28개 문항(Likert 7점 척도)과 아울러 시나리오의 현실성 여부를 확인하기 위한 1개 문항과 성별, 연령, 학력, 직업, 수입, 항공기 이용경험 횟수 등 인구통계학적 변수를 측정하는 6개 문항(명목척도)을 추가하여 모두 35개 문항으로 구성되었다.

〈표 3-2〉 시나리오의 구성

과정 결과	심각성 높음(1)				심각성 낮음(2)			
	통제가능(1)		통제불가능(2)		통제가능(1)		통제불가능(2)	
	높음(1)	낮음(2)	높음(1)	낮음(2)	높음(1)	낮음(2)	높음(1)	낮음(2)
높음(1)	1111 Q1	1121 Q3	1211 Q5	1221 Q7	2111 Q9	2121 Q11	2211 Q13	2221 Q15
낮음(2)	1112 Q2	1122 Q4	1212 Q6	1222 Q8	2112 Q10	2122 Q12	2212 Q14	2222 Q16

〈표 3-3〉 시나리오 개요

서 두		귀하께서 개인 사업을 하기 위해 호주로 출장하고자, 오늘 출발하는 시드니행 비행기 티켓을 2일 전에 예매했습니다. 시간에 맞춰 시드니로 갈 만한 항공편이 A, B 두 항공사가 있고, 그중 A항공사는 우수한 서비스로 알려져 있고 가격도 B항공사보다 10만 원 정도 비싼 반면에 B항공사는 서비스수준이 비교적 떨어지고 연착이 가끔 발생한다는 소문이 있지만 가격이 저렴한 것으로(A보다 10만 원 정도 저렴) 알려져 있습니다. 귀하는 "서비스수준이 좀 미흡하면 어때, 설마 운이 그렇게 나쁠까 내가 비행기 타는 날에 연착하겠어?"라고 생각하고는 항공비용을 줄이기 위해 B항공사티켓을 예매했습니다. 귀하는 시간에 맞춰서 공항에 도착해 탑승수속을 마치고 대기실에서 탑승을 기다리고 있었습니다. 그런데 기다리던 탑승안내방송은 나오지 않았습니다.
통제성	가능	갑작스러운 항공기고장으로 인한 출발 지연
	불가능	경유지 폭우로 인한 경유지공항의 잠시폐쇄 때문에 출발지연
심각 정도	높음	출발시간이 5시간 이상 지연된다는 방송 나왔다.
	낮음	출발시간 1시간 정도 지연된다는 방송 나왔다.
과정적 회복노력	우수	1. 이미 기다리고 있었다는 듯이 매우 죄송스러운 표정으로 실패원인을 설명해주었음 2. 정중히 사과했음. 3. 친절했음. 4. 최대한 빨리 시드니로 갈수 있는 다른 항공편을 예약해줬음.
	열악	1. 직원이 다른 사무처리를 하고 있다가 지연출발이 보통 일인 듯한 표정을 지으며 사과해 주지 않았음. 2. 특별한 행동이 없이 소극적인 태도를 취했음. 3. 귀하의 요구 하에 책임자와 연락해 5분 후에 최대한 빨리 떠날 수 있는 다른 항공편이라도 찾아서 예약해드리겠다고, 다음 비행기에 일단 待機者 명단에 올려놓겠다고 했음.
결과적 회복노력	우수	그 문제로 인한 불편에 대한 보상으로 향후 B항공사의 항공권 구매 시 30% 할인권과 공항면세점 상품권(만 원 상당)을 받았음.
	열악	그 문제로 인한 불편에 대한 보상으로 공항면세점 상품권(만 원 상당) 1장 받았음.

3. 조사대상 및 표본추출방법

본 연구의 실증분석을 하기 위해서 우선 경영학 관련 과목을 수강하는 학생들 80명을 대상으로 2003년 6월 1일~10월 10일 사이에 예비조사를 실시하였다. 전반적으로 예비조사 결과는 가설내용에 부합하였으나, 서비스회복에 대한 기대 수준과 회복불일치의 관계가 아주 비유의적으로 나타났다. 이에 대한 원인분석 결과 서비스 실패에 대한 기대 수준 및 회복불일치를 측정하는 척도가 애매하고 피험자가 시나리오에 대한 몰입이 이루어지지 않은 것으로 판단되었다. 이에 따라 시나리오 내용을 수정하고 회복기대와 회복불일치를 측정하는 부분 애매모호한 설문 항목을 수정하여 설문지를 다시 구성하였다. 본 조사는 2003년 8월 20일부터 30일까지 10일 사이에 대전·서울·광주·인천·대구·춘천·천안·부산 등 지역에 거주하는 대학생, 공무원, 직장인과 주부 등을 대상으로 판단적 표본추출방법을 이용하여 표본을 추출하였다. 설문지는 각 시나리오별 20부씩 총 320부를 배포하여, 응답자가 총 16가지 실험 조건 중에서 한 명당 한 가지에 무작위로 설문지에 응하도록 하였다. 총 280부의 설문지를 회수하였고 응답이 불성실한 24부를 제외하였으며 각 시나리오별 16부씩 총 256(16*16)부의 설문지를 최종 분석 대상으로 활용하였다.

4. 자료의 통계분석 방법

본 실증조사에서는 응답자의 분포비율을 보기 위하여 빈도분석과 분산분석을 실시하였으며, 측정도구의 신뢰도를 검증하기 위해

Cronbach's α 값을 구하였고, 타당성 검증하기 위해서 요인분석을 실시하였다. 또한 시나리오가 의도적으로 조작되었는지를 파악하기 위해 T-test를 실시하였다. 모형평가 및 가설검증을 하기 위해 구조방정식모형분석을 실시하였다. 통계분석을 하기 위해 SPSS Win 10.0과 AMOS 4.0 등 통계패키지를 사용하였다.

<표 3-4> 분석내용 및 분석방법

단계	분석내용	분석방법
1	표본의 일반적 특성	빈도분석, 분산분석
2	실험조작에 대한 조작검증 (manipulation check)	T-test
3	측정척도의 신뢰도	신뢰도분석(Cronbach's α)
4	측정척도의 타당성	탐색적 요인분석(EFA-Varimax 회전) 확인적 요인분석(CFA-최대우도법) 적합도 평가(NFI, GFI, AGFI, RMR 등)
5	구성 개념 간의 상관관계 및 인과관계	상관관계분석(Pearson 계수) 및 회귀분석
6	가설의 검증 및 연구모형의 평가	구조방정식모형분석 (NFI, GFI, AGFI, RMR 등)

제4장 실증분석 결과

제1절 조사자료의 인구통계학적 특성

본 연구의 실증분석에 사용된 표본의 인구통계학적 특성은 〈표 4-1〉와 같다. 구체적으로 살펴보면, 먼저 분석대상자의 성별은 남성이 51.6%인 132명이고 여성이 48.4%인 124명으로 나타났다. 연령분포는 20대가 42.5%, 30대가 33.2%, 40대가 12.6, 50대가 11.7%로 나타났다. 학력은 고졸 이하가 8.2%인 21명, 대학재학 및 대졸이 60.5%인 155명, 대학원재학 및 대학원 졸이 31.3%인 80명으로 대부분 대학재학 및 대졸 이상의 학력을 가진 사람이 설문에 응답하였다. 직업에 있어서는 학생이 28.3%, 회사원이 23.4%, 전문직 및 공무원, 서비스직 등이 24.2%를 차지하였다. 또한 월 소득은 월평균 100만 원 이하가 40.6%인 104명, 100~200만 원대가 36.7%인 94명, 200~300만 원대가 12.9%인 33명, 300만 원 이상이 9.8%인 25명의 순으로 나타났다. 한편 항공기 이용 경험에 있어서 5~7회가 (최근 1년 기준) 72.7%인 186명으로서 다수를 차지하고 있다.

이상과 같은 표본의 인구통계학적인 특성을 살펴볼 때, 대부분의 응답자들은 항공서비스를 자주 이용하는 고객으로 볼 수 있으며, 잠재고객의 가능성까지 고려해 볼 때 표본구성에는 별 무리가 없는 것으로 판단된다.

<표 4-1> 표본의 인구통계학적 특성

변 수	구성 항목	빈 도	구성비(%)
성 별	남 성	132	51.6
	여 성	124	48.4
연 령	20대	109	42.5
	30대	85	33.2
	40대	32	12.6
	50대	30	11.7
학 력	고졸 이하	21	8.2
	대학재학 및 대졸	155	60.5
	대학원 재학 및 대학원 졸	80	31.3
직 업	주 부	13	5.1
	학 생	73	28.5
	회사원	60	23.4
	전문직·공무원·서비스직	62	24.2
	기 타	48	18.8
소 득	100만 원 이하	104	40.6
	100~200만 원	94	36.7
	200~300만 원	33	12.9
	300만 원 이상	25	9.8
항공기 이용 횟수 (1년 기준)	1~4회	10	3.9
	5~7회	186	72.7
	8~10회	48	18.8
	11회 이상	12	4.6

제2절 측정도구의 신뢰성 및 타당성 검증

1. 시나리오의 현실성 평가 및 실험조작에 대한 검증

실증연구를 하기 위해서 개발된 시나리오의 현실성 정도를 확인하고자 T-test를 실시하였으며 그 결과는 〈표 4-2〉와 같이 응답자가 시나리오의 현실성에 대한 평가치의 평균은 5.30(표준편차＝1.60, t＝55.792, p＝.000)이었으므로 시나리오의 현실성에 대해 높게 평가한 것으로 나타났다.

또한 실험에 사용된 심각성과 통제가능성 및 결과회복노력과 과정회복노력의 수준이 의도한 대로 두 가지 수준(높음/낮음)으로 조작되었는지를 확인하기 위하여 T-test를 실시하였으며 그 결과는 〈표 4-3〉과 같다. 심각성 높음에 대한 평가치의 평균은 6.26이었으며 낮음은 3.55로 나타났다(t＝24.754, p＝.000). 통제가능성 높음에 대한 평가치의 평균은 5.99이었으며 낮음은 3.34로 나타났다(t＝22.717, p＝.000). 또한 결과회복노력 우수함에 대한 평가치의 평균은 5.07이었으며 열악함은 3.69로 나타났다(t＝10.055, p＝.000). 과정회복노력 우수함에 대한 평가치의 평균은 5.26이었으며 열악함은 1.99로 나타났다(t＝28.449, p＝.000). 따라서 본 연구의 실험조작은 성공적으로 이루어진 것으로 분석되었다.

<표 4-2> 시나리오의 현실성 검증결과

구분	N	평균	평균의 표준오차	중위수	최빈값	표준 편차	평균차	자유도	t값	유의 확률
통계량	256	5.48	0.098	6.00	7	1.60	5.48	255	55.792	.000***

*** p<0.01

<표 4-3> 시나리오에 대한 실험조작 검증 결과

실험조작변수		평균	표준편차	t값	유의확률
심각성	높음	6.26	0.70	24.754	.000***
	낮음	3.55	1.05		
통제 가능성	높음(가능)	5.99	0.85	22.717	.000***
	낮음(불가능)	3.06	1.03		
결과 회복노력	우수	5.07	1.24	10.055	.000***
	열악	3.69	0.95		
과정 회복노력	우수	5.26	0.91	28.449	.000***
	열악	1.99	0.93		

주) 1=전혀 그렇지 않다; 7=매우 그렇다;   *** p<0.001

2. 신뢰성 검증

신뢰성은 측정된 결과의 정확성, 일관성, 예측가능성, 의존가능성 등과 관련된 개념으로 반복측정, 대체측정, 내적 일관성에 의한 측정방법이 있다. 반복측정법(test-retest reliability), 대체측정법(alternative-form reliability), 반분법(split-half reliability) 등 신뢰성 검정방법은 시간과 비용, 그리고 유사한 난이도의 새로운 설문도구를 개발하여야 하는 단점이 있다. 따라서 본 연구에서는 설문지를 구성하고 있

는 항목들 간의 내적 일관성을 측정하기 위해서 Cronbach의 α계수
를 이용하였다. 일반적으로 Alpha 값이 0.7~0.9(Van de Ven and
Ferry, 1979)여야만이 설문의 신뢰성이 보장되지만 새로이 개발된
설문의 경우는 Alpha 값이 0.6을 최저 허용치로 사용하기도 한다
(Nunnally, 1978). 본 연구의 신뢰성에 대한 검정결과는 Cronbach's
α계수가 모두 0.70 이상으로 나타나 기준치인 Cronbach's α계수 0.6
보다 높은 조건을 만족시키고 있어 각 변수들의 설문항목들은 매우
만족할 만한 신뢰성을 가지고 있는 것으로 판단되었다. 〈표 4-4〉는
신뢰성 검정결과를 보여주고 있다.

〈표 4-4〉 측정척도의 신뢰성 검증결과

개 념	변 수	항목 수	Cronbach's α
귀인추론	원인위치	2	.9315
	통제가능성	2	.8758
	안정성	2	.7079
지각된 심각정도	심각성	2	.8664
회복기대	회복에 대한 기대	4	.8123
서비스회복노력	결과적 회복노력	2	.9300
	절차적 회복노력	6	.9606
지각된 회복성과	회복성과	3	.9521
회복불일치	회복불일치	2	.9288
서비스접점만족	서비스접점만족	3	.9378

3. 타당성 검증

타당성은 측정하고자 하는 개념이나 속성을 정확히 측정하였는가에 관한 개념으로서 내용타당성(content validity), 기준에 의한 타당성(criterion-related validity) 및 개념타당성(construct validity)으로 나눌 수 있다. 내용타당성은 측정도구를 구성하고 있는 항목들이 측정하고자 하는 개념을 대표하고 있는 정도를 말한 것이며 본연구는 서비스실패에 대한 귀인추론, 서비스회복노력 등 개념을 측정하는 데에 있어서 선행연구에서 타당성이 입증된 척도를 선정해수정·보완하였다. 아울러 예비조사를 거쳐 본 조사 과정에서도 응답자와 관련 전문가를 통하여 설문항목이 얼마나 타당한가를 검증하였다.

한편 개념타당성은 측정도구가 실제로 무엇을 측정하였는가, 또는 조사자가 측정하고자 하는 추상적인 개념이 실제로 측정도구에의해서 적절하게 측정되었는가에 관한 문제로서 크게 집중타당성, 판별타당성, 이해타당성으로 구성되어 있다. 집중타당성(convergent validity)은 동일한 개념을 측정하기 위하여 최대한으로 서로 다른두 가지 측정방식을 개발하고 이에 의하여 얻어진 측정치들 간에높은 상관관계가 존재해야 한다는 것이며 판별타당성(discriminant validity)은 서로 다른 개념을 측정했을 때 얻어진 측정치들 간에는상관관계가 낮게 형성되어야 한다는 것이다. 이러한 집중타당성과판별타당성을 평가하기 위하여 탐색적 요인분석과 AMOS를 이용한 확인요인분석을 실시하였다. 탐색적 요인분석의 요인 추출방법으로는 주성분분석(principal component analysis)을 회전방법으로는베리멕스법(varimax)을 채택하였다.

〈표 4-5〉는 서비스실패의 심각성과 귀인추론에 관한 변수들에 대한 탐색적 요인분석결과를 보여주고 있다. 이들을 자세히 살펴보면 서비스실패의 원인위치, 통제가능성, 안정성, 심각성 등 4가지 요인들을 측정하는 변수들의 요인적재량은 모두 0.70 이상으로 나타나 매우 유의적이다. 또한 4개 요인은 총 분산의 87.286%를 설명하는 것으로 분석되었다.

〈표 4-5〉 서비스실패에 관한 변수들에 대한 요인분석결과

항 목	Factor1	Factor2	Factor3	Factor4
심각성1	.877	.214	.237	.125
심각성2	.866	.257	.235	.095
통제성1	.249	.865	.278	.088
통제성2	.249	.843	.286	.168
안정성1	.247	.217	.831	.083
안정성2	.210	.307	.784	.077
원인위치1	.102	.084	.026	.960
원인위치2	.089	.117	.007	.954
설명된 총분산 비율	87.286%			

〈표 4-6〉은 서비스회복노력에 관한 변수들에 대한 요인분석 결과를 보여주고 있다. 구체적으로 살펴보면 2 가지 차원에서의 회복노력에 대하여 대부분의 측정변수들은 0.70 이상의 적재량을 나타냄으로써 매우 유의적이었으나 과정 차원의 회복노력에 관한 1문항(과정회복3)은 2 가지 요인 간에 교차 부하되었다. 따라서 과정회복3 항목은 과정 차원 회복노력을 측정하는 데 있어서 애매모호한 측정 항목으로 판단되어 추후의 분석에서는 제거하였다. 또한 두 개 요인은 총 분산의 86.748%를 설명하는 것으로 나타났다.

서비스실패에 대한 기대, 지각된 서비스회복성과, 회복불일치 그
리고 서비스접점만족에 대하여 요인분석을 실행한 결과는 〈표 4-7〉
에 나타나 있다. 회복성과, 회복불일치 그리고 회복기대에 관한 측
정항목의 요인적재량은 모두 매우 유의적이었으나(0.590~0.930) 회
복기대를 측정하는 항목 중의 회복기대1 항목은 요인적재량이
0.190로 나타나므로 추후의 분석에서는 제거하였다. 또한 네 가지
요인은 총 분산의 86.747%를 설명하는 것으로 분석되었다.

〈표 4-6〉 서비스회복노력 변수들에 대한 요인분석결과

항 목	Factor1	Factor2
결과회복1	**.889**	.365
결과회복2	**.887**	.378
과정회복1	.373	**.802**
과정회복2	.468	**.769**
과정회복3	.580	**.721**
관계회복1	.341	**.886**
관계회복2	.358	**.854**
관계회복3	.333	**.876**
설명된 총분산 비율	86.748%	

〈표 4-7〉 회복기대, 회복성과, 회복불일치 및 만족에 대한 요인분석결과

항 목	Factor1	Factor2	Factor3	Factor4
회복기대1	.190	.078	.020	.140
회복기대2	.590	.043	.201	.018
회복기대3	.860	.014	.210	.013
회복기대4	.930	.027	.273	.067
지각된 성과1	.031	.873	.264	.399
지각된 성과2	.034	.887	.288	.459
지각된 성과3	.023	.871	.336	.498
회복불일치1	.032	.227	.805	.271
회복불일치2	.074	.184	.690	.301
접점만족1	.012	.233	.186	.912
접점만족2	.030	.305	.090	.925
접점만족3	.046	.357	.094	.899
설명된 총분산 비율	86.747%			

앞에서 실시한 탐색적 요인분석을 통해 회복기대를 측정하는 첫 번째 항목(요인적재값 0.190으로 나타났음)과 과정회복노력을 측정하는 세 번째 항목(교차 부하)을 부절적한 측정항목으로 판단되어 추후의 분석에서 제거하였다. 또한 설명된 분산비율은 모두 80% 이상으로 나타나 본 연구에서 사용된 측정항목의 수렴타당성과 판별타당성이 어느 정도 확인되었으나 통계적으로 타당성을 검증하기 위하여 Amos 4.0을 이용하여 확인적 요인분석(confirmatory factor analysis)을 실시하였다.

측정모형의 적합도 평가는 GFI(goodness of fit)(≥ 0.90), AGFI-(adjusted Goodness of fit index)(≥ 0.90), RMR(root mean square residual)(< 0.05), NFI(normed fit index)(≥ 0.90), χ^2에 대한 p값(≥ 0.05) 등 지표들을 이용하였다. 전체 측정 모형에 대한 확인요인분석 결

과는 〈표 4-8〉에 나타난 바와 같이 모형 적합도가 매우 높게 나타났으며 모든 항목의 적재치의 C.R(t값) 값이 기준치인 1.96 이상으로 p〈0.01 수준에서 매우 유의적으로 나타나 변수들의 집중타당성이 입증되었다. 또한 변수들 간의 판별타당성(discriminant validity)은 상관관계 계수 정도로서 가름할 수 있는데 〈표 4-9〉에 나타난 바와 같이 모든 변수들 간의 상관관계 계수들이 통계적으로 유의한 수준에서 그 신뢰구간이 1 보다 작게 나타나 판별타당성이 입증되었다.

한편 기준타당성(criterion-related validity)은 하나의 속성이나 개념의 상태에 대한 측정이 미래시점에 있어서의 다른 속성이나 개념의 상태변화를 예측하는 능력을 의미한다. 본 연구의 경우, 서비스실패에 대한 귀인추론과 심각성지각, 서비스회복에 대한 기대, 서비스실패에 대한 회복노력, 회복성과지각 및 서비스접점 만족의 연관성을 검정하는 것이다. 상관분석의 결과가 유의한 경우 기준타당성을 만족한다고 할 수 있다. 본 연구에서의 평균치는 각 요인에 속하는 세부항목들의 단순평균이다. 이것을 총합척도(summated scale)이라고 하는데 이를 사용하는 목적은 측정오차를 줄이고 단일차원으로 구성개념의 대표성을 높이려는 데 있다(Hair, Anderson and Black, 1995).

이상의 탐색적 요인분석과 확인요인분석 결과를 종합적으로 볼 때 본 연구 측정 척도가 타당성을 지니고 있다고 판단된다.

〈표 4-8〉 전체변수들에 대한 확인요인분석결과

개 념	항목	MLE	S.E.	C.R 값 (t값)	모형 평가
원인위치	원인위치1 원인위치2	1.000 0.813	− 0.081	− 10.078	χ^2=328.767 df=248, p=0.000 GFI=0.912, AGFI=0.875, RMR=0.095, NFI=0.952, CFI=0.988 RMSEA=0.036
통제성	통제성2 통제성1	1.000 0.961	− 0.060	− 16.017	
안정성	안정성2 안정성1	1.000 0.990	− 0.097	− 10.244	
심각성	심각성2 심각성1	1.000 0.977	− 0.068	− 14.379	
회복기대	회복기대3 회복기대2 회복기대4	1.000 0.735 0.772	− 0.065 0.063	− 11.379 12.153	
결과 회복노력	결과회복2 결과회복1	1.000 0.922	− 0.037	− 24.600	
과정 회복노력	과정회복4 과정회복1 과정회복2 과정회복5 과정회복6	1.000 0.822 0.868 0.904 0.983	− 0.042 0.042 0.031 0.031	− 19.725 20.624 29.494 31.531	
회복성과	회복성과1 회복성과2 회복성과3	1.000 0.974 0.994	− 0.035 0.033	− 27.986 30.565	
회복 불일치	불일치1 불일치2	1.000 0.862	− 0.036	− 23.809	
접점만족	접점만족2 접점만족1 접점만족3	1.000 0.923 0.907	− 0.038 0.042	− 23.982 21.822	

〈표 4-9〉 요인들 간의 상관행렬

	Mean	S.D.	원인위치	통제	안정	심각	결과노력	과정노력	회복기대	회복성과	불일치	접점만족
원인위치	4.23	1.88	1.000									
통제	4.76	1.73	.275**	1.000								
안정	4.88	1.42	.076	.776**	1.000							
심각	5.37	1.51	.244**	.645**	.698**	1.000						
결과노력	3.40	1.64	-.003	-.070	-.113	-.122	1.000					
과정노력	3.59	1.40	.044	-.076	-.119	-.089	.745**	1.000				
회복기대	4.87	1.53	.115*	.199**	.204**	.253**	-.025	.024	1.000			
회복성과	3.42	1.62	.077	-.041	-.183	-.142**	.851**	.884**	.012	1.000		
불일치	3.80	0.85	.045	-.081	-.102*	-.188**	.722**	.730**	.514**	.837**	1.000	
접점만족	3.16	1.51	.069	-.104*	-.205**	-.141*	.831**	.820**	.030	.794**	.784**	1.000

*p<0.05: **p<0.01 (2-tailed)

제3절 구조모형의 적합도 평가 및 연구가설의 검정

1. 구조모형의 적합도 평가

조사된 자료를 이용하여 항공서비스실패의 심각성, 실패원인의 귀인추론, 서비스회복노력, 회복기대와 회복성과 그리고 회복불일치와 고객만족 등 여러 개념들 간의 인과관계를 검증하는 것이 본 연구의 목적이다. 공변량 구조분석은 연구자가 설정한 인과관계에 대한 모델을 검증하기에 가장 적합한 분석기법으로, 기존의 회귀분석, 분산분석, 경로분석과는 달리 모델 내에 내재되어 있는 측정오차를 알 수 있으며 이론변수와 측정변수 사이의 관계를 검증할 수 있는 장점이 있다. 따라서 본 연구는 연구모형의 적합도와 설정한 가설을 검정하기 위하여 앞에 실시한 신뢰성분석과 요인분석결과를 토대로 AMOS 4.0을 이용한 구조방정식모형분석을 실시하였다.

모형의 적합도 검증을 통하여 연구모형과 실제자료를 비교하여 모형이 실제자료에 얼마나 부합되는 지를 검정할 수 있는데 적합도 평가는 기본적으로 절대부합지수(Absolute Fit Measures), 증분적 합지수(Incremental Fit Measures), 간명성 부합지수(Parsimonious Fit Measures) 등을 이용한다. 모형에 대한 일반적인 평가지수 및 평가기준을 정리하면 다음의 〈표 4-10〉과 같다.

AMOS에서 각각의 계수를 추정하는 방법에는 최대우도법(maximum likelihood), 일반화 최소화법(generalized lease squares), 회귀분석에서의 최소자승법(unweighted lease squares), 척도와 무관한 최소자승법(sale-free lease squares) 등이 있으며, 이중 최대우도법(ML)은 측정변수들이 다변량 정규분포를 이룬다는 가정 하에 이루어지는 것으로 가장 대표적인 방법이다. 따라서 본 연구에서도 모형의 적합도 및 계수를 분석하기 위해 최대우도법(ML)을 이용하였다. 〈그림 4-1〉은 구조방정식모형분석의 결과를 보여주고 있으며 〈표 4-11〉은 구조분석을 통해 연구모형에 대한 적합도를 검정한 결과를 요약한 것이다.

〈표 4-10〉 모형의 일반적 평가지수 및 평가기준

	적합지수	최악모델	최적모델
절대부합지수	χ^2	확률값 0.05 이하	0.05 이상
	GFI(기초부합도지수)	0	1
	AGFI(조정부합지수)	0	1
	RMR(표준잔차)	0.05 이상	0.05 이하
증분부합지수	NFI(표준부합지수)	0	1
	NNFI(비표준부합지수)	0	1
간명성부합지수	PGFI(간명기초부합지수)	0	0.6 이상

자료원: 김계수(2001), AMOS 구조방정식 모형분석, pp.104-107을 연구자가 정리

〈표 4-11〉 연구모형의 적합도 평가 결과

부합지수의 구분	부합지수의 통계량
χ^2	363.650 (p=0.000)
GFI(기초부합도지수)	0.904
AGFI(조정부합지수)	0.875
RMR(표준잔차)	0.037
NFI(표준부합지수)	0.946
NNFI(비표준부합지수)	0.982
PGFI(간명기초부합지수)	0.693
PNFI(간명표준적합지수)	0.783

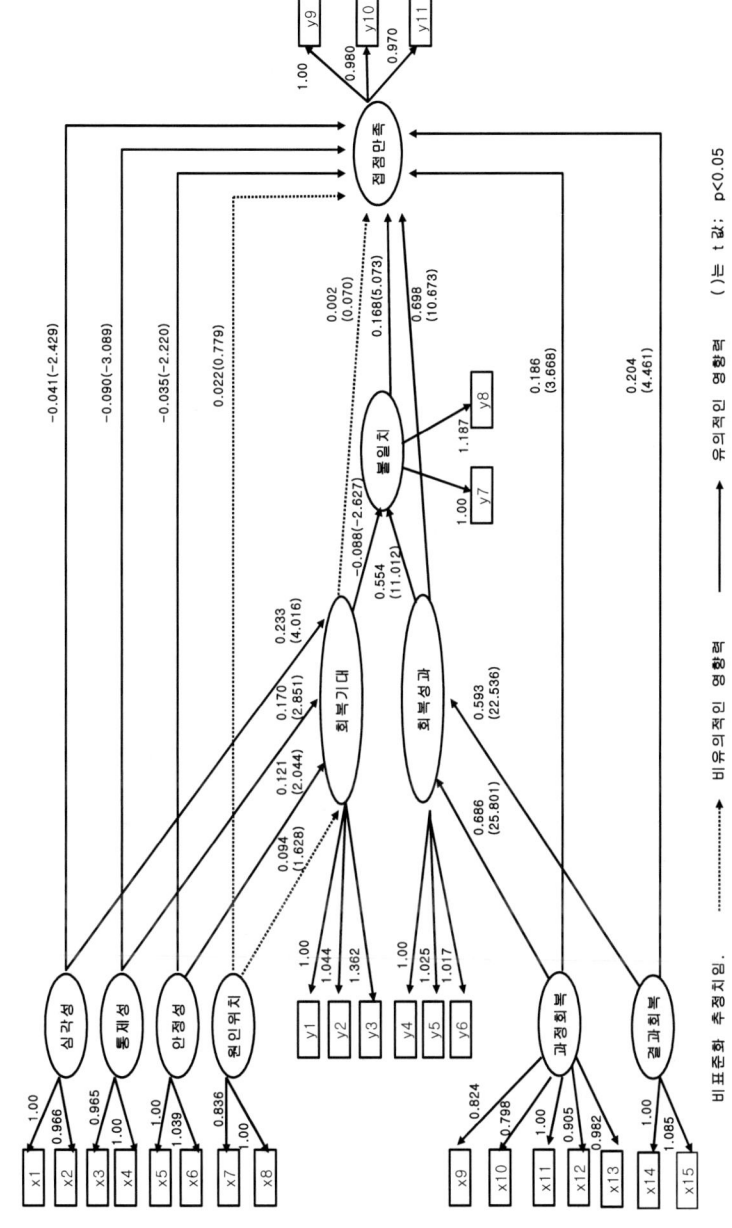

〈그림 4-1〉 구조방정식모형분석 결과

비표준화 추정치임.   ·········· 비유의적인 영향력   ──── 유의적인 영향력   ( )는 t값; p<0.05

112

　〈표 4-11〉에 나타난 연구모형의 적합도 검증결과에 따르면 본 연구모형은 만족할 만한 모형이라 할 수 있다. 구체적으로 살펴보면, χ^2는 363.650으로서 확률값 0.000으로 나타났다. 이는 확률 치(p-value)를 0.05수준으로 할 때 실제자료와 모형에 의한 추정치 간에는 유의한 차이가 있다는 것을 의미한다. 그런데 χ^2는 표본크기와 매우 민감한 사항인데 표본크기가 100~200범위 이내에 있을 때 통계적 유의성 검증에 적절한 χ^2값 얻을 수 있으며, 표본크기가 이 범위를 벗어날 때 계산 된 χ^2값은 신뢰하기 어렵다 할 수 있다(조선배, 1996). 따라서 본 연구의 표본크기(256)를 감안하면 χ^2와 χ^2의 확률값이 평가기준에 미치지 못하지만 기타 적합도 평가지수를 통해 모형의 적합도를 검증하였다.

　GFI는 주어진 모형이 전체 자료를 얼마나 잘 설명하는지를 나타내는 지표로 0.9 이상인 경우 좋은 모형으로 판단할 수 있으므로 본 연구모형의 GFI(0.904)는 양호한 것으로 판단된다. 또한 좀더 현실적인 지표로 자유도를 고려한 조정된 부합도 지수(AGFI)에서는 0.875로 나와 만족한 수준인 0.9에 도달하지 못하였다. 그러나 AGFI는 시뮬레이션 결과 좋지 않은 지수로 나타났고, 요즘에는 잘 쓰이지 않고 있다(배병렬, 2002).

　한편 비표준부합지수(NNFI 혹은 TLI)는 가장 부적합한 모형과 가장 적합한 모형 사이의 거리를 의미하는 것으로 모형의 개선정도를 파악하는 지수이다. 이 지수는 분자인 기초모형과 제안모형의 차이를, 분모인 기초모형에서 1을 차감한 비율로 0.9보다 크면 잘 맞는 모형이라고 할 수 있다. NFI는 NNFI를 표준화시킨 부합치로 0.9보다 크면 모형의 부합도에 만족한다고 할 수 있다(김계수, 2001). 본 연구모형의 NNFI와 NFI는 각각 0.982, 0.946으로 나타나 모두 기준치인 0.9보다 크므로 좋은 모형이라고 할 수 있다. 또한 모형의 표준잔차(RMR)는 0.08 이하이면 적당한 모형으로 판단할 수 있어 본 연구에서는 0.037로써 부합된 것으로 나타났다.

간명 부합지수는 제안모형의 부합수준, 즉 모형의 복잡성과 객관성의 차이를 비교하는 것을 의미하는데 수용가능한 적합도의 권장수준은 정해져있지 않으며 일반적으로 PNFI와 PGFI는 높을수록 (0.6 이상) 우수한 모형이라고 할 수 있다. 본 모형의 PNFI와 PGFI는 각각 0.783과 0.693으로 모두 0.60 이상으로 나와 만족할 만한 수준에 도달하였다.

결론적으로 말하면 모형에서 포함한 개념의 수 및 표본크기 등 여러 요인을 고려해 볼 때, 위의 지수들을 종합적으로 검토한 결과 본 모형은 적합한 모형이라고 평가할 수 있겠다.

2. 연구가설의 검정

본 연구에서는 항공서비스의 실패와 회복노력 및 고객만족 간의 관계를 파악하기 위해 서비스실패의 심각성, 서비스실패에 대한 원인추론 결과(통제성·안정성·원인위치), 결과적 차원에서의 회복노력, 과정적 차원에서의 회복노력 등 6개 독립변수와 서비스회복기대, 지각된 회복성과, 회복불일치, 서비스접점의 고객만족 등 4개 종속변수를 연구모형에 도입해 기존연구에 대한 이론적 고찰을 토대로 하여 가설을 설정하였다. 앞과 같이 모형 적합도를 검정한 다음 이들 독립변수와 종속변수 간의 인과관계 및 직접·간접효과를 구체적으로 파악하기 위해 가설을 검정하였다.

AMOS분석에서 가설의 기각·채택 여부는 각 경로의 최대우도

추정계수의 통계적 유의도 즉, C.R.(Critical Ratio) 값(t값)을 검토
하여 판단하게 된다. t값이 t α/2 (0.05)값을 넘게 되면 그 경로를
구성하는 두 변수 상호 간에 선형적 관계가 없다는 귀무가설은 기
각되고, 두 변수 상호 간 선형적 관계가 있다는 대립가설이 채택되
는 것이다. 즉 5%의 유의수준에서 볼 때 경로상에 추정된 경로계
수의 C.R.의 절대값(t값)이 적어도 1.96 이상이어야 두 변수 상호
간에 통계적으로 유의적인 관계가 있다는 가설을 채택할 수 있다.
한편 경로계수의 부호가 양(+)이냐 음(-)이냐에 따라서 두 변수
간에 정(+)의 관계, 또는 부(-)의 관계가 있다고 해석한다. 이상
과 같은 판단기준에 따라 본 연구 대한 가설의 인과관계를 검정한
결과는 〈표 4-12〉와 같다.

   한편 독립변수가 종속변수에 직접적으로 영향을 미치는 효과가
존재할 뿐만 아니라 하나 이상의 매개변수에 의해서 매개되어 종속
변수에 영향을 미치는 경우도 있다. 따라서 독립변수의 영향효과를
판단할 때 직접효과만으로 판단하면 효과의 크기를 정확하게 파악
할 수 없으므로 중간변수에 의한 간접효과도 고려해야 한다. 본 연
구에서는 서비스실패의 심각성과 귀인추론 결과는 회복기대와 회복
불일치를 통해, 서비스회복노력은 지각된 회복성과와 회복불일치를
통해, 서비스회복기대와 지각된 회복성과는 회복불일치를 통해 서
비스접점만족에 간접적으로 영향을 미치는 것으로 분석되었다. 〈표
4-13〉은 각 독립변수들이 종속변수에 미치는 전체 영향효과, 직접
영향효과 및 간접 영향효과를 보여주고 있다.

〈표 4-12〉 가설검정 결과

가 설	경 로 독립변수 → 종속변수	관계	경로 계수	C.R.값 (t값)	표준화 계수	평 가
가설1	심각성지각 → 회복기대	+	0.233	4.016***	0.237	채택
가설2	1. 통제가능성 → 회복기대	+	0.170	2.851**	0.169	채택
	2. 안정성 → 회복기대	+	0.121	2.044*	0.121	채택
	3. 원인위치 → 회복기대		0.094	1.628	0.096	기각
가설3	1. 결과회복노력 → 회복성과	+	0.593	22.536***	0.596	채택
	2. 과정회복노력 → 회복성과	+	0.686	25.801***	0.683	채택
가설4	회복기대 → 회복불일치	−	0.088	2.627**	0.084	채택
가설5	회복기대 → 접점만족		0.002	0.070	0.002	기각
가설6	회복성과지각 → 회복불일치	+	0.554	11.012***	0.566	채택
가설7	회복성과지각 → 접점만족	+	0.698	10.673***	0.716	채택
가설8	회복불일치 → 접점만족	+	0.168	5.073***	0.168	채택
가설9	심각성 → 접점만족	−	0.041	2.429*	0.040	채택
가설10	1. 통제가능성 → 접점만족	−	0.090	3.089**	0.085	채택
	2. 안정성 → 접점만족	−	0.035	2.220*	0.033	채택
	3. 원인위치 → 접점만족		0.022	0.779	0.001	기각
가설11	1. 결과회복노력 → 접점만족	+	0.204	4.461***	0.210	채택
	2. 과정회복노력 → 접점만족	+	0.186	3.668***	0.190	채택

*p<0.05; **p<0.01; ***p<0.001

<표 4-13> 변수 간의 직접·간접 및 전체 영향효과

	구분	심각	통제	안정	위치	결과	과정	기대	성과	불일치
회복기대	전체효과	0.237	0.170	0.121	–	–	–	–	–	–
	직접효과	0.237	0.170	0.121	–	–	–	–	–	–
	간접효과	–	–	–	–	–	–	–	–	–
지각된 회복성과	전체효과	–	–	–	–	0.596	0.683	–	–	–
	직접효과	–	–	–	–	0.596	0.683	–	–	–
	간접효과	–	–	–	–	–	–	–	–	–
회복 불일치 (긍정적)	전체효과	-0.019	-0.014	-0.010	–	0.330	0.378	-0.084	0.554	–
	직접효과	–	–	–	–	–	–	-0.084	0.554	–
	간접효과	-0.019	-0.014	-0.010	–	0.330	0.378	–	–	–
서비스 접점만족	전체효과	-0.036	-0.085	-0.033	–	0.681	0.730	-0.096	0.791	0.168
	직접효과	-0.033	-0.083	-0.031	–	0.210	0.190	–	0.698	0.168
	간접효과	-0.003	-0.002	-0.002	–	0.471	0.540	-0.014	0.093	–

1) 가설1의 검정(실패심각성지각과 회복기대의 관계)

가설1은 서비스실패에 대한 고객의 지각된 심각성 정도가 서비스 회복에 대한 기대 수준에 미치는 영향에 관한 것이다. <표 4-12>에서 실패의 심각성지각과 서비스회복에 대한 기대의 관계를 나타내는 경로계수는 0.233이며 관련 C.R값(t값)은 4.016(>t=1.96)로 5% 수준에서 유의하였다. 따라서 서비스접점에서 서비스실패에 대한 고객이 지각된 심각 정도가 높을수록 서비스회복에 대한 기대 수준이 높아질 것이라는 연구가설은 채택되었다. 즉, 통계적으로 서비스실패의 심각성은 정(+)의 방향으로 서비스회복기대에 유의적인 영향 관계가 있는 것으로 나타나고 있다. 이는 실패가 심각할수록 심리적

비용, 시간비용, 불편과 같은 요소들을 포함하는 격론요인으로 인하여 서비스실패에 대한 회복기대도 높아진다고 주장하는 Churchill and Surprenant(1982), Oliver(1980), Firnstahl(1989) 등의 연구와 일치하는 결과이다.

2) 가설2의 검정(서비스실패에 대한 원인추론과 회복기대의 관계)

가설2는 서비스실패의 원인 위치, 통제가능성, 안정성에 대한 귀인추론결과가 서비스회복기대 수준에 미치는 영향에 관한 것이다. 〈표 4-12〉에서 통계가능성과 회복기대의 관계를 나타내는 경로계수는 0.170이며 관련 C.R.값은 2.851(>t=1.96)로 5% 수준에서 유의하였다. 따라서 서비스실패의 원인에 대하여 서비스 제공자가 통제가능한 것으로 추론될수록 회복기대 수준이 높아질 것이라는 가설2-1은 채택되었다. 안정성과 회복기대의 관계를 나타내는 경로계수는 0.121이며 관련 C.R.값은 2.044(>t=1.96)로 5% 수준에서 유의하였다. 따라서 서비스실패에 대한 원인이 안정적인 것으로 추론될수록 회복기대 수준이 높아질 것이라는 가설2-2는 채택된다.

원인위치와 회복기대의 관계를 나타내는 경로계수는 0.094이며 관련 C.R.값은 1.628(<t=1.96)로 5% 수준에서 유의하지 않은 것으로 나타났다. 따라서 서비스실패에 대한 원인의 소재가 고객보다는 서비스 제공자에게 있다고 추론될수록 회복기대 수준이 높아질 것이라는 가설2-3은 기각되었다. 즉, 통계적으로 통제가능성과 안정성에 대한 추론결과는 정(+)의 방향으로 회복기대 수준에 유의적인 영향관계가 있는 것으로 나타났으나 원인위치에 대한 추론결과는 회복기대 수준에 유의적인 영향을 미치지 않는 것으로 나타났다.

3) 가설3의 검정(각 차원에서의 회복노력과 지각된 회복성과의 관계)

가설3은 결과적 차원과 과정적 차원에서의 회복노력이 지각된 회복성과에 미치는 영향에 관한 것이다. 〈표 4-12〉에서 결과적 차원에서의 회복노력과 지각된 회복성과의 관계를 나타내는 경로계수는 0.593이며 관련 C.R.값은 22.536(〉t=1.96) 5% 수준에서 유의하였다. 과정 차원에서의 회복노력과 지각된 회복성과의 관계를 나타내는 경로계수는 0.686이며 관련 C.R.값은 25.801(〉t=1.96) 5% 수준에서 유의하였다.

따라서 결과적 차원에서의 회복노력이 고객의 지각된 회복성과 수준에 긍정적인 영향을 미칠 것이라는 가설3-1과 과정적 차원에서의 회복노력이 고객이 지각된 회복성과 수준에 긍정적인 영향을 미칠 것이라는 가설3-2는 모두 채택되었다. 즉, 통계적으로 결과 차원에서의 회복노력과 과정 차원에서의 회복노력은 모두 정(+)의 방향으로 지각된 회복성과에 유의적인 영향을 미치는 것으로 나타나고 있으며 결과 차원에서의 회복노력에 비해 과정 차원에서의 회복노력의 영향력이 더 큰 것으로 보이고 있다. 이러한 결과는 기존의 많은 연구와 일치하며 특히 Blodgett, Wakefield and Barnes(1995) 등이 주장한 서비스회복상황에서 과정적 회복노력이 결과적 회복노력보다 더 중요하다는 것과 일치한다.

4) 가설4・5・6・7・8의 검정 (회복기대, 회복성과, 회복불일치, 서비스접점만족 간의 관계)

가설 4는 서비스회복기대가 회복불일치(긍정적)에 미치는 영향에 관한 것이다. 〈표 4-12〉에서 회복기대와 회복불일치 간의 관계를 보여주는 경로계수는 -0.088이며 관련 C.R.값은 -2.627(⟨t=-1.96)로 이는 5% 수준에서 유의하였다. 따라서 서비스회복에 대한 기대 수준이 높을수록 회복불일치에 부정적인 영향을 미칠 것이라는 가설 4는 채택되었다. 즉, 기대가 높을수록 회복성과가 기대 수준에 미치거나 초과하기 어려워지고 부정적인 회복불일치가 형성되기 쉽다는 것이다. 가설 5는 회복기대가 서비스접점 만족에 미치는 영향에 관한 것이다. ⟨표 4-12⟩에서 회복기대와 서비스접점 만족 간의 관계를 보여주는 경로계수는 0.002이며 C.R.값이 0.070(⟨t=1.96)으로 5% 수준에서 유의하지 않는 것으로 나타나 회복기대 수준이 서비스접점 만족에 유의한 영향을 미칠 것이라는 가설 5는 기각되었다. 지각된 회복성과가 회복불일치(긍정적)에 미치는 영향은 경로계수 값이 0.554이며 C.R.값이 11.012(⟩t=1.96)로 나타나 회복불일치에 매우 큰 영향을 미치는 것으로 나타나 가설 6은 강하게 지지되었다(p⟨0.05). 지각된 회복성과가 서비스접점 만족에 미치는 영향은 경로계수 값이 0.698이며 C.R.값은 10.673(⟩t=1.96)으로 나타나 지각된 회복성과가 서비스접점 만족에도 상당히 큰 영향을 미치는 것으로 나타났다(p⟨0.05). 이에 따라 가설 7도 채택되었다. 한편 회복불일치가 서비스접점 만족에 미치는 영향에 대하여 경로계수 값은 0.168이며 C.R.값은 5.073(⟩t=1.96)을 나타내면서 가설 8 또한 지지되었다(p⟨0.05).

요약하면 서비스실패와 회복상황에 있어서의 고객만족은 기대-불일치패러다임을 통해서 설명이 가능하다는 것을 알 수 있다. 회복기대, 지각된 회복성과, 회복불일치, 서비스접점만족 등 구성개념들 간의 관계는 대체로 가설을 지지하는 것으로 나타났다. 다만 기대가 서비스접점만족에 직접적인 영향을 미칠 것이라는 가설이 기각되었으며, 접점만족은 지각된 회복성과와 회복불일치에 의해 영향을 많이 받는 것으로 나타났다. 따라서 기대-불일치 패러다임을 서비스실패와 회복상황에 적용할 때 회복에 대한 기대보다는 지각된 회복성과가 서비스접점만족에 미치는 영향이 매우 크다는 것을 알 수 있다.

5) 가설9의 검정(서비스실패의 심각성과 서비스접점만족의 관계)

가설 9는 서비스실패에 대한 심각성 지각정도는 서비스접점 만족에 부정적인 영향을 미친다는 것이다. 〈표 4-12〉에서 심각성지각과 접점만족 간의 경로계수 값은 -0.041이며 C.R.값은 -2.429(〈t = -1.96)로 나타나 5% 수준에서 유의하였으며 이에 따라 가설9는 채택되었다. 즉, 실패의 심각성은 회복기대에 영향을 미칠 뿐 아니라 직접적으로 고객만족에 부정적인 영향을 미치는 것을 의미하며 서비스실패가 심각할수록 서비스접점의 고객만족을 확보하기가 어려워진다는 것이다. 이는 앞에 제기한 Weun(1997)의 연구와 일치하는 결과이다.

6) 가설10의 검정(실패원인에 대한 추론과 서비스접점만족의 관계)

가설10은 서비스실패의 원인에 대한 귀인추론 결과는 서비스접점 만족에 미치는 직접적인 영향과 관련된 것이다. 〈표 4-12〉에서 실패의 통제가능성이 서비스접점 만족에 영향을 미치는 경로계수는 -0.090이며 C.R.값은 -3.089(〈t = -1.96)로 나타나 이는 5% 수준에서 유의하였으며 가설10-1은 지지되었다. 또한 안정성에 대한 귀인추론결과와 서비스접점 만족의 관계를 나타내는 경로계수는 -0.035이며 관련 C.R.값은 -2.220으로(〈t = -1.96) 5% 수준에서 유의하므로 가설10-2 또한 지지되었다. 한편 원인위치에 대한 추론 결과가 서비스접점 만족에 영향을 미치는 경로계수는 0.022이며 C.R.값은 0.779(⟨t=1.96)로 나와 5% 수준에서 유의하지 않은 것으로 나타나 가설10-3은 기각되었다. 즉, 서비스실패가 통제 가능한 것으로 추론될수록 서비스접점 만족에 부정적인 영향을 미칠 것이며 실패원인이 안정적으로 추론될수록 서비스접점 만족에 부정적인 영향을 미칠 것으로 나타났으나 서비스실패의 원인위치에 대한 귀인추론 결과는 서비스접점 만족에 유의한 영향을 미치지 않는 것을 나타났다. 이는 서비스실패를 경험한 고객들은 내적 귀인보다는 외적귀인을 하는 경향이 강하기 때문인 것으로 추측된다.

7) 가설11의 검정(각 차원에서의 회복노력과 접점만족 간의 관계)

가설 11은 결과적 차원에서의 회복노력과 과정적 차원에서의 회복노력이 서비스접점만족에 미치는 직접적인 영향과 관련된 것이다. ⟨표 4-12⟩에서 결과적 차원에서의 회복노력과 서비스접점 만족의 관계를 나타내는 경로계수는 0.204이며 C.R.값은 4.461(⟩t=1.96)로 5% 수준에서 유의하므로 가설11-1은 지지되었다. 또한 과정적 차원에서의 회복노력이 서비스접점만족에 영향을 미치는 경로계수는 0.186이며 C.R.값은 3.668(⟩t=1.96)로 나타나 5% 수준에서 유의한 바 가설11-2 또한 지지되었다. 즉, 결과적 차원과 과정적 차원에서의 회복노력은 지각된 서비스회복성과와 회복불일치를 통해 서비스접점 만족에 간접적인 영향을 미칠 뿐만 아니라 직접적으로 서비스접점 만족에 정(+)의 영향을 미치는 것이다. 이러한 결과는 Hart et al.(1990)의 연구결과와 일치한다.

공변량 구조분석을 이용한 연구모형의 적합도 검증 결과는 거의 모든 지표들이 만족할 만한 수준에 도달하였는바 본 연구에서 제시된 모형은 적합한 모형이라고 할 수 있다. 또한 설정된 가설은 3개를 제외하고 모두 지지되었다. 원인위치에 대한 추론과 관련한 가설2-3과 가설10-3이 지지되지 못하였는데 그 이유는 다음과 같다. Richins(1985), Folkes(1988) 등 학자들은 제품이 실패한 경우 소비자들이 제품실패경험을 타인의 탓으로 하는 귀인편견(attributional bias)을 보인다고 주장하였다. 이에 따르면 항공서비스실패가 발생되면 소비자들은 내적으로 귀인 하는 것보다는 외적으로 귀인 하는 귀인편견이 발생할 가능성이 높다. 즉 소비자들은 서비스가 실패된 것은 항공사의 잘못이 아니라고 생각하더라도 항공사의 회복조치에 대해 높은 수준의 기대를 가질 수 있기 때문에 서비스 실패의 원인위치에 대한 귀인결과와 회복기대 및 접점만족간의 관계는 선형성을 보이지 않을 수도 있다는 것이다.

제5장 결 론

제1절 연구결과의 요약

항공서비스는 무형성이 지배적인 서비스상품이라고 할 수 있다. 그러므로 정기적인 운항 스케줄상에서 제공되는 항공서비스는 해당 운항 편에서 모두 소화되지 못하면 판매기회는 상실되고 기회손실을 발생시키는 재고불가능성, 항공서비스를 구매 후 구매대가로 받는 유형재란 아무 것도 없다는 소유권 비이전성, 서비스품질 측정의 곤란성 등 여러 특성 때문에 다른 서비스산업보다 실패가 쉽게 일어난다. 또한 갑작스런 기상악화나 천재지변 등 자연적 요인의 영향을 많이 받아 완벽한 프로그램을 구축하여도 항상 우수한 서비스 품질수준을 유지하는 것은 쉽지 않다. 항공서비스의 이러한 특성을 고려할 때 타 서비스업체에 비해 항공사는 서비스실패와 회복을 더욱더 강조할 필요가 있다.

그러나 지금까지의 서비스실패와 회복에 관한 연구들은 주요 호텔, 외식산업, 병원, 은행 등 산업에 치중하고 있으며 실패가 쉽게 일어나는 항공서비스의 실패 및 회복상황에서의 고객만족에 관한 연구는 많지 않았다. 특히 서비스실패와 회복 및 고객만족에 영향을 미치는 변수 간의 관계를 보다 광범위하게 규명하여 서비스실패와 회복상황에서의 고객만족형성과정을 보다 포괄적으로 설명할 수 있는 인과관계 모형을 정립하고 이를 검증하는 실증연구가 요구되고 있다. 따라서 본 연구는 항공서비스실패와 회복상황에서의 고객만족을 설명할 수 있는 포괄적인 모형을 제시하여 실증분석을 통해 광범위하게 원인변수와 결과변수들 간의 관계를 파악하였다. 연구결과를 요약하면 다음과 같다.

첫째, 본 연구에서 제시된 연구모형은 항공서비스실패와 회복상황에서의 고객만족형성과정을 설명하는 데에 있어 나름대로의 의미가 있다는 것을 증명하였다.

둘째, 실패원인 추론결과와 회복기대 등 변수에 비해 서비스회복노력과 성과에 대한 고객의 지각은 서비스실패와 회복상황에서의 고객만족에 더 큰 영향을 미치는 것으로 나타났다. 즉, 항공서비스실패를 경험한 고객들의 만족/불만족 수준은 실패의 성격(심각성 및 원인에 대한 추론)보다 항공사의 회복노력과 결과에 의해 결정된 것이며 서비스실패 후 우수한 회복노력은 꼭 필요하다는 많은 기존 연구결과와 동일하다.

셋째, 서비스실패가 심각할수록 서비스회복에 대한 기대가 높아지므로 심각한 서비스실패 후 회복노력을 통한 고객만족확보는 어려워진다는 것으로 분석되었다.

넷째, 서비스실패의 통제 가능성과 실패의 안정성에 대한 귀인추론결과는 회복에 대한 고객의 기대 수준에 긍정적인 영향을 미치며 서비스접점의 고객만족에 부정적인 영향을 미치는 것으로 나타났으며 원인위치에 대한 추론결과는 회복기대와 서비스접점만족에 유의한 영향을 미치지 않는 것으로 나타났다.

다섯째, 결과적 차원에서의 회복노력과 과정 차원에서의 회복노력은 모두 고객의 지각된 회복성과에 긍정적인 영향을 미치는 것으로 나타났다. 또한 이 두 가지 차원에서의 회복노력은 지각된 회복성과를 매개변수로 간접적으로 고객만족에 영향을 미칠 뿐만 아니라 직접적인 영향을 미친 것으로 나타났다.

여섯째, 항공서비스실패와 회복상황에서의 고객만족에 대한 기대불일치 이론적 접근에 있어, 지각된 회복성과와 회복불일치는 고객만족에 영향을 미치는 것으로 나타났으나 회복기대는 회복불일치에 영향을 미치지만 고객만족에 직접적인 영향을 미치지 않는 것으로 나타났다.

제2절 연구의 시사점

1. 이론적 시사점

본 연구는 항공서비스를 대상으로 한 서비스실패와 회복에 관한 연구로서 소비자 사고의 다양성과 심리적 복잡성 및 서비스실패와 회복상황의 불확실성을 충분히 고려해 그동안에 미진했던 서비스의 실패와 회복과 관련된 여러 변수들을 체계화하며 항공서비스산업에 있어서 실패와 회복이란 특수 상황에서의 고객만족 과정을 설명할 수 있는 통합된 모형을 제시하는 목적에서 수행되었다. 이를 위해 서비스실패 후에 항공사가 취하는 회복노력이 고객의 지각과 만족에 미치는 영향을 기대불일치이론, 공정성이론 및 귀인이론 접근의 통합을 통해 살펴보았다. 본 연구의 결과에 따른 이론적 측면에서 얻을 수 있는 시사점은 다음과 같다.

첫째, 본 연구는 그동안 명확히 정립되지 못한 서비스실패와 회복에 관한 기존의 연구들을 검토하여 문헌을 체계적으로 통합·정리하였다는 점에서 의의가 있다.

둘째, 문헌고찰을 통하여 서비스실패와 회복과 관련된 변수들의 인과관계를 명확히 규명하여 기대불일치 이론과 공정성이론 및 귀인이론을 통합한 서비스접점의 고객만족 모형을 확장시켰다는 데 의미가 있다.

셋째, 본 연구는 서비스실패에 대한 회복의 과정이나 결과가 회복 후 고객의 만족에 영향을 미칠 것이라는 일반적인 견해를 실증적인 연구를 통하여 다시 한번 검정하였다는 점에서 의의를 찾을 수 있다. 또한 선행연구에서 소홀히 다룬 서비스실패의 심각성과 실패원인에 대한 고객의 귀인추론 및 회복기대, 회복불일치 등 변수들에 대해 포괄적인 규명을 시도하였으며 이들이 서비스실패와 회복상황에서의 고객만족에 미치는 영향을 실증분석을 통해 검증하였다는 점에서 의미가 있다.

넷째, 서비스실패와 회복이란 특수 상황에서 어떤 변수들이 어떤 경로를 통하여 그리고 어느 정도의 영향력을 갖고 서비스접점의 고객만족에 영향을 미치는지를 실증적인 연구를 통하여 검정한 것이 본 연구의 의의라고 할 수 있을 것이다.

다섯째, 서비스실패와 회복에 관한 연구에서 가장 어려운 것은 서비스실패와 회복을 모두 경험한 고객들에게 접근하는 것이다. 본 연구는 기존의 고객만족 연구에서 많이 사용된 조사기법을 탈피하고 시나리오를 활용하여 서비스접점 현장을 가정한 조사를 시도하였다는 점이다.

2. 실무적 시사점

본 연구의 실증분석을 통하여 서비스조직의 마케팅 관리자에게 서비스회복의 중요성을 인식시켜줄 수 있으며 우수한 서비스회복을 통해 불만족 고객을 만족 고객으로 전환시킬 수 있는 고객유지에 관한 전략적 시사점들을 제시할 수 있을 것이다. 특히 본 연구는 항공사를 대상산업으로 조사하였는바 이들 관련 기업 관리자에게 서비스실패와 회복과 관련된 유용한 정보를 제공하여 보다 체계적인 종업원 교육, 서비스품질 향상, 생산성 있는 고객관리 및 고객만족 경영이념의 실천과 이에 따른 이익의 창출에 도움이 될 것이다.

서비스실패에 대해 고객의 심각성 지각과 귀인추론 결과는 회복에 대한 기대와 서비스접점에 대한 만족에 영향을 미치는 것으로 나타났다. 이에 따라 항공사의 마케팅관리자는 실패를 경험한 고객의 입장에서 실패의 심각 정도와 실패원인을 규명할 필요가 있다. 즉, 고객으로 하여금 실패가 심각하지 않다고 인식시키고 항공사가 노력했음에도 불구하고 서비스실패가 발생했다고 인식시키며 또한 실패원인이 일시적이라는 것을 인식시킴으로써 실패를 성공적으로 회복할 수 있는 가능성을 높일 수 있다는 것이다. 또한 서비스실패로 불만족한 고객들은 실패의 원인에 대해 외적 귀인 할 가능성이 높으며 서비스제공자의 잘못이 아니라고 생각하면서도 실패의 회복에 대해 높은 수준의 기대를 가질 수 있다. 따라서 항공사로서는 기상악화 등과 같은 서비스시스템의 외부 요소들로 실패가 일어나는 경우에도 고객들의 기대를 파악하고 이를 부응하는 회복전략을 취할 필요가 있다.

또한 고객 불만내용 및 고객의 희망사항 등에 대한 적극적 수집

활동을 통해 고객의 회복에 대한 기대를 정확히 파악할 수 있으며 이러한 기대를 부응하는 회복전략을 수립하는 데 조력할 것이다. 한편, 연구결과에 나타난 대로 서비스실패와 회복상황에서의 고객만족을 가져올 수 있는 다양한 수단이 존재한다는 것이다. 즉, 보상과 같은 결과적 차원에서의 회복노력과 신속한 대응, 사과, 설명, 약속 등과 같은 과정적 차원에서의 회복노력은 모두 효과적인 회복수단으로 활용될 수 있다. 따라서 항공사입장에서 단순한 몇 가지 회복수단을 사용해선 안 될 것이며 서비스실패에 대한 다양한 회복프로그램을 개발해야 하며 전사적(全社的) 차원에서 실패에 대응하는 회복전략을 수립하여야 한다.

　제품과 달리 서비스실패에 대한 회복은 종업원과 고객 간의 상호작용과정에서 이루어지며 항공서비스의 경우 더욱 그렇다. 연구결과에 따르면 과정적 차원에서의 회복노력은 고객만족에 큰 영향력을 행사하고 있다는 것을 알 수 있다. 즉, 서비스실패에 대한 회복의 성공 여부는 종업원의 회복행동에 달려 있다는 것이다. 따라서 항공사는 성공적으로 서비스실패를 회복하기 위해 일선종업원에 대한 고객응대 요령 및 실패 처리방법 훈련에 대한 투자를 아끼면 안 될 것이다. 서비스 일선 종업원들에 대한 교육을 통해 그들로 하여금 실패 발생 시 고객불만 내용 및 요구사항 등과 같은 고객반응을 정확히 파악하고 실패에 대한 정중한 사과와 함께 실패원인에 대한 적극적이면서도 공감적인 설명의 제시와 서비스문제의 신속한 해결을 할 수 있도록 해야 한다. 불만족 고객들에게 적당한 보상의 제공과 신속한 문제해결을 할 수 있도록 일선종업원에게 어느 정도의 재량권을 부여하여야 하며 종업원의 직무만족에 저해되는 요소를 우선적으로 개선 혹은 제거한 후 해당 서비스 교육 강화 등의 실무적 지침을 수행해야 한다. 또한 전체 조직 구성원에게 "실패를 허용하지만 실패를 성공으로 만드는 의지와 노력으로 고객만족을 위해 최선을 다하겠다"는 기업문화를 강조할 필요가 있으며 고객에게도 이러한 기업 이미지의 변신이 필요하다.

제3절 연구의 한계 및 향후 연구방향

본 연구의 과정과 분석결과를 통해서 제기될 수 있는 몇 가지 한계점과 이러한 한계점들을 극복할 수 있는 앞으로의 연구방향을 제시하면 다음과 같다.

첫째, 실증을 위한 분석 자료의 수집이 가상의 시나리오에 의한 응답자의 설문으로만 이루어짐으로써 실제 거래에서의 서비스실패 경험에 기초한 실제적인 고객지각의 측정이 이루어지지 못하여 분석결과의 실제성이 담보되지 못하는 한계가 있다. 따라서 향후 연구에서는 중요사건기법 등 기타 방법의 도입도 필요할 것이다.

둘째, 본 연구의 표본 구성에 있어 20 및 30대 젊은 연령층의 응답자가 차지하는 비중이 비교적으로 크므로 향후 연구에서 조사대상을 확대하여 더 광범위한 연령층을 대상으로 많은 표본을 수집하여 분석할 필요가 있다.

셋째, 본 연구에서 제시된 개념과 요인 이외에는 서비스접점에서의 여러 가지 가능한 상황적 요인 및 개인적 특성들에 대한 고려가 이루어지지 못하였다. 따라서 고객의 관여수준과 과거경험과 같은 개인적 특성, 서비스구매의 상황적 변수, 고객의 참여행위, 고객과 서비스제공자 간의 상호작용 등을 모형에 통합시켜 각 변수들 간의 보다 명확한 상호 영향력을 규명해야 할 것이다.

넷째, 본 연구에서 시나리오 설계 시, 실험상의 문제로 실패의 심각성, 통제성, 원인위치, 안정성, 결과적 회복노력, 과정적 회복노력 모두는 두 개의 수준으로 구분하였으며 기존연구에서 따로 제시한 상호작용적 회복노력은 과정적 회복노력에 포함하여 시나리오를 구성하였다. 따라서 향후 연구에서는 변수들 각각의 속성과 인과관계를 명확히 측정하기 위한 노력으로서 수준의 폭을 달리하고 단일화된 두 변수를 분리하여 조작상의 오류를 최소화시켜 연구의 신뢰성과 정확성을 높일 필요가 있을 것이다.

마지막으로 본 연구는 항공서비스산업을 대상으로 조사·분석을 하였으므로 연구결과를 타 산업에 일반화시키는 데 한계가 있다. 따라서 향후 호텔, 외식, 병원 등 타 업종에 관한 연구가 필요할 것이며 특히 업종 간의 서비스실패와 회복에 관한 비교연구가 필요할 것이다.

참고문헌

〈국내문헌〉

김계수(2001), **AMOS 구조방정식모형분석**, SPSS 아카데미.

박종학(1997), 고객만족이 고객충성도에 미치는 영향에 관한 연구, **연세대학교대학원 석사학위논문**, pp.76-80.

배병렬(2002), **LISREL 구조방정식모델 이해와 활용**, 서울: 대경, p.212.

안광호, 윤명상(1990), "소비자만족/불만족에 대한 귀인과정에 있어서의 관여 수준의 조정적 역할", **소비자학연구**, 제1권 제2호, pp.43-58.

윤성욱, 황경미(2002), "CIT를 이용한 서비스실패와 복구에 관한 연구", **한국마케팅저널**, 제4권 제4호, pp.1-27.

이수원(1999), 실패된 서비스와 회복만족 간의 관계연구 - 지각된 공정성을 중심으로 -, **영남대학교 대학원 박사학위논문**.

이유재(1997), "고객만족형성과정의 제품과 서비스 간 차이에 대한 연구", **소비 자학연구**, 제8권 제1호, pp.101-118.

이유재(1998), **서비스마케팅**, 서울: 학현사.

이학식, 안광호, 하영원(2002), **소비자행동론 - 마케팅전략적 접근**, 서울: 법문사.

이호정(2002), "서비스복구접점에서의 고객만족과정에 관한 연구", **한국마케팅 저널**, 제3권 제4호, p.91-115.

정동렬(1997), "항공서비스의 품질과 고객: 서비스차별화 사례와 서비스품질 결정요소", **항공진흥**, 14, pp.95-103.

조선배(1996), LISREL **구조방정식모델**, 서울: 영지문화사.

지용선(1995), "항공서비스의 구매의사 결정과정에 관한 연구", **동 아대학교 대학원 박사학위논문**, p.7.

차현수(1995), 항공서비스품질평가에 관한 연구, **경기대학교, 대학 원 석사학위논문**, pp.31-81.

〈국외문헌〉

Adams, J, Stacy(1963), "Toward an Understanding of Inequity," *Journal of Abnormal and Social Psychology*, 67(5), 422-436.

Adams, J, Stacy(1965), "Inequity in Social Exchange," in *Advances in Experimental Social Psychology*, Leonard Berkowitz, ed., New York: Academic Press, 267-299.

Andreasen, A.(1985), "Consumer Responses to Dissatisfaction in Loose Monopolies", *Journal of Consumer Research*, Vol.12-(September), 135-141.

Bearden, William O. and Jesse E. Teel(1983), "Selected Determinants of Consumer Satisfaction and Complaint Reports," *Journal of Marketing Research*, 20(February), 21-28.

Bell and Ron Zemke(1987), "Service Breakdown: The Road to Recovery", *Management Review*, October, 32-35.

Bem, Daryl(1965), "An Experimental Analysis of Self-Persuasion", *Journal of Experimental Social Psychology*, 1, 199-218.

Bem, Daryl(1967), "Self-Perception: An Alternative Interpretation of Cognitive Dissonance Phenomena", *Psychological Review*, 74, 183-200.

Bem, Daryl(1972), "Self Perception Theory", in *Advances in Experimental Social Psychology*, Vol.6 ed. Leonard Berkowitz, New York: Academic Press.

Berry, Leonard L., Valerie A. Zeithaml, and A. Parasuraman (1985), "Quality Counters in Services, too", *Business Horizons*, 28(May/June), 44-52.

Berry, Leonard, and A. Parasuraman(1991), Marketing Services: Competing Through Quality, New York: Free Press.

Bitner, Mary Jo(1990), Evaluating Service Encounters: The Effects and Physical Surroundings and Employee Responses", *Journal of marketing*, 52(April), 69-82.

Bitner, Mary Jo, Bernard H. Booms & Mary Stanfield Tetreault(1990), "The Service Encounter: Diagnosing Favorable and Unfavorable Incidents", *Journal of Marketing*, 54, 71-84.

134

Bitner, Mary Jo, Bernard H. Booms, and Lois A. Mohr(1994),
"Critical Service Encounters: The Employee's Viewpoint",
Journal of Marketing, 58(October), 95-106.

Blodgett, Jeffrey G., Donald H. Granbois, and Rockney G.
Walters(1993), "The Effects of Perceived Justice on
Complainants' Negative Word-of-mouth Behavior and
Repatronage Intentions", *Journal of Retailing*, 69 (4),
399-428.

Blodgett, Jeffrey G., Donna J. Hill, and Stephen S. Tax (1997),
"The Effects of Distributive, Procedural, and Interactional
Justice on Postcomplaint Behavior", *Journal of Retailing*,
73 (2), 185-210

Blodgett, Jeffrey G., Kirk L. Wakefield, and James H. Barnes(1995),
"The Effects of Customer Service on Consumer Complaining
Behavior", *Journal of Service Marketing*, 9(4), 31-64.

Blodgett, Jeffrey. G., and Stephen S. Tax(1993), "The Effects of
Distributive and Interactional Justice on Complainants'
Repatronage Intentions and Negative Word-of-Mouth
Intentions", *Journal of Consumer Satisfaction, Dissatisfa-
ction and Complaining Behavior*, 6, 100-110.

Bowen, D. E. and Lawler III, E. E. (1995), "Empowerment service
employees", **Sloan Management Review**, Summer, 73- 83.

Brown, Stephen W., D. L. Cowles, and T. L. Tuten(1996),
"Service Recovery: Its Value and Limitations as a Retail

Strategy," *International Journal of Service Industry Management*, 7(5), 32-46.

Brown, Steven P. and Richard F. Beltramini (1989), "Consumer Complaining and word-of-mouth Activities: Field Evidence", in *Advances in Consumer Research*, Vol.16, Thomas Srull, ed., Ann Arbor, MI: Association for Consumer Research, 9-16.

Cadotte, Ernest R., R. B. Woodruff, and R. L. Jenkins(1987), "Expectations and Norms in Models of Consumer Satisfaction", *Journal of Marketing Research*, Vol.24- (August), 305-314.

Churchill, Gilbert A., Jr. and Carol Suprenant(1982), "An Investigation into the Determinants of Consumer Satisfaction," *Journal of Marketing Research*, Vol.19, 491-504.

Clabaugh M. G., Mason J. B. & Bearden W. O.(1978), "Consumer Alienation and Causal Attribution as a Moderators of Consumer Satis faction/Dissatisfaction and Complaint Behavior", *New Dimensions of Consumer Satisfaction and Complaining Behavior*, 2-9.

Clark, Gray L. Peter F. Kaminiski and David R. Rink(1992), "Consumer Complaints: Advance on How to Companies should Respond Based on Empirical Study", *Journal of Service Marketing*, 61(1), Winter, 41-50.

Clemmer, E. C.(1988) The role of Fairness in Customer Satisfaction with Services, *Doctoral Dissertation*, Psychology

Department, University of Maryland.

Collier, David A.(1995), "Modeling the Relationship Between Process Quality: A Reexamination and Extension", *Journal of Marketing*, 56(July), 55-68.

Day Ralph L.(1984), "Modeling Choices Among Alternative Responses to Dissatisfaction" *Advances in Consumer Research*, Vol.11, Thomas C. Kinnear, ed. Ann Arbor, MI: Association for Consumer Reaearch, 496-9.

Erevelles, Sunil and Clark Leavitt.(1992), "A Comparison of Current Models of Consumer Satisfaction/Dissatisfaction", *Journal of Consumer Satisfaction, Dissatisfaction and Complaining Behavior*, 5, 104-114.

Firnstahl, Timothy W.(1989), "My Employee Are My Service Guarantee", *Harvard Business Review*, July-August, 28-32.

Folkes, Valerie S. (1984), "Consumer Reactions to Product Failure: An Attributional Approach", *Journal of Consumer Research*, 10(March), 389-09.

Folkes, Valerie S.(1988), "Recent Attribution Research in Consumer Behavior: A Review and New Directions," *Journal of Consumer Research*, 14(March), 548-565.

Gilly, Mary C. and Besty D. Gelb (1982), "Post-Purchase Consumer Processes and the Complaining Consumer", *Journal of Consumer Research*, 9(June), 323-328.

Goodwin, Cathy, and Ivan Ross(1989), "Salient Dimensions of Perceived Fairness in Resolution of Service Complaints," *Journal of Consumer Satisfaction/Dissatisfaction and Complaining Behavior*, 2, 87-92.

Goodwin, Cathy, and Ivan Ross(1992), "Consumer Responses to Service Failures: Influence of Procedural and International Fairness Perceptions", *Journal of Business Research*, 25, 149-163.

Gronroos, Cristian (1983), *Strategic Management and Marketing in the Service Sector*, Boston: Marketing Science Institute.

Gronroos, Cristian(1988), "Service Quality: The Six Criteria of Good Perceived Service Quality", *Review of Business*, 9(Winter), 10-13.

Hair, J. F., Anderson, R. E. Tatham, R. E., and Black, W. C.(1995), *Multivariate Data Analysis with Reading*, Prentice Hall.

Hart, Christopher W. L., James L. Heskett, and W. Earl Sasser, Jr.(1990), "The Profitable Art of Service Recovery", *Harvard Business Review*, July-August, 149-156.

Heide, Jan B. and George John(1992), "Do Norms Matter in Marketing Relationships?", *Journal of Marketing*, Vol.56-(April), 32-44.

Heider, Fritz(1958), *The Psychology of Interpersonal Relations*, New York: Wiley.

138

Heskett, J. L., W. E. Sasser and C. W. L. Hart(1990), *Service Breakthroughs: Changing the Rules of the Game*, New York: Free Press.

Hirschman, A. O.(1970), *Exit, Voice Loyalty: Responses to Decline in Firms, Organizations and States*, Cambridge, MA: Harvard University Press.

Hocutt, M. A., Chakraborty, G., and Mowen, J. C.(1997), "The art of Service Recovery: Fact or Fiction? An Empirical Study of the Effects of Service Recovery", In D. T. LeClair, and M. Hartline(eds.), *Marketing theory and applications*, Chicago: American Marketing Association.

Hoffman, K. D., Scott W. Kelley and Holly M. Rotalsky (1995), "Tracking Service Failures and Employee Recovery Efforts", *Journal of Service Marketing*, 9 (2), 49-61.

Homans, George Caspar(1961), *Social Behavior: Its Elementary Forms*, New York: Harcourt, Brace & World.

Howard, J. and J. N. Sheth(1969), *The theory of buyer behavior*, N.Y: John Wiley & Sons Inc.

Hunt, H.K.(1977), "CS/D -Overview and Future Research Direction", *Conceptualization and Measurement of Consumer Satisfaction and Dissatisfaction*.

Hupperts, John W., Sidney J. Arenson, and Richard H. Evans(1978), "An Application of Equity Theory to Buyer-Seller Exchange Situations," *Journal of Marketing*

Research, 15(May), 260.

J. Engel and R. Blackwell(1982), *Consumer behavior*. PCBS college publishing, 4th edition.

Johnston, R., Fern, A. (1999), "Service recovery strategies for single and double deviation scenarios", *The Service Industries Journal*, Vol.19 No.2, 69-82.

Johnston, Robert(1995), "Service Failure and Recovery: Impact, Attitudes and Process", in *Advances in Service Marketing and Management*, Teresa A. Swartz, Davis E. Brown, and Stephen W. Brown(eds.), Vol.4, Greenwich, CT: JAI Press, 211-228.

Johnston, T. C, and Hewa, M. A.(1997), "Fixing Service Failures", *Industrial Marketing Management*, Vol.26, 467-473.

Jones, Edward E. and Keith Davis(1965), "From Acts to Dispositions: The Attribution Process in Person Perception", in *Advances in Experimental Social Psychology*, Vol.2, ed. Leonard Berkowitz, New York: Academic Press, 219-266.

Keaveney, Susan M.(1995), "Customer Switching Behavior in Service Industries: An Exploratory Study", Journal of marketing, (April), 71-82.

Kelley, Scott W. and Mark A. Davis(1994), "Antecedents to Customer Expectations for Service Recovery", *Journal of the Academy of Marketing Science*, 22(1), 52-61.

Kelley, Scott, K. Douglas Hoffman, and Mark A. Davis(1993), "A Typology of Retail Failures and Recoveries", *Journal of Retailing*, 69 (4), 429-452.

Kelly, Harold (1971), *Attribution in Social Interaction*, Morristwon, MJ: General Learning Press.

Kelly, Harold (1972), "The processes of Causal Attribution", *American Psychologist*, 28, 107-128.

Kelly, Harold(1967), "Attribution Theory in Social Psychology", in *Nebraska Symposium on Motivation*, ed David Levine, Lincoln, NB: University of Nebraska Press.

Latour, Stepghen A. and Nancy C. Peat(1979), "Determinants of Consumer Satisfaction: A Field Experiment,", *Proceedings of the Division 23 Program, 87th Annual Convention of the American Psychological Association*, Kvan Ross, ed., 83-85.

Lehtinen, Uolevi and Jarmo R. and Lehtinen(1982), "Service Quality: A Study of Quality Dimensions", *unpublished working paper*, Helsinki: Service Management Institute, Finland OY.

Lilienthal, Sonja K.(1997), "Service Recovery in Service Contexts: An Investigation of the Veracity of the Recovery Paradox," *Unpublished Doctoral Dissertation*, Ohio State University.

Mack R, Mueller R, Crotts J, Broderick A.(2000), "Perceptions, Corrections and defections: Implications for Service Recovery in the Restaurant Industry", *Managing Service Quality*, 10(6): pp.339-346

Mano H. and Oliver R. L. (1993), "Assessing the Dimensionality and Structure of the consumption Experience: Evaluation, Felling and Satisfaction", *Journal of Consumer Research*, Vol.20,. 451-466.

Mary Ann Hocutt, Goutam Chakraborty, John C. Mowen(1997), "The Impact of Perceived Justice on Customer Satisfaction and Intention to Complain in a Service Recovery", *Advances in Consumer Research*, Vol.24, 457-463.

McCollough, M. A.(1995), "The Recovery Paradox: A Conceptual Model and Empirical Investigation of Customer Satisfaction and Service Quality Attitudes after Service Failure and Recovery," *Unpublished Doctoral Dissertation*, Texas A&M University.

McCollough, Michael A., Leonard L. Berry, and Manjit S. Yadav(2000), "An Empirical Investigation of Customer Satisfaction after Service Failure and Recovery", *Journal of Service Research*, 2(November), 121-137.

Miller JL, Craighead CW, Karwan KR.(2000). "Service recovery: A Framework and Empirical Investigation", *Journal of Operations Management*, 18, 387-400.

Mohr, Lois A. and Mary Jo Bitner(1995), "The Role of Employee Efforts in Satisfaction with Service Transactions," *Journal of Marketing*, 57(January), 81-101.

Nunnally, J.(1978), *Psychometric Theory*, 2d ed. New York: McGraw-Hill.

Oliver R. L.(1997), *Satisfaction: A Behavioral Perspective on the Consumer*, McGraw-Hill Co., P.15.

Oliver R. L.(1998), "Processing of the Satisfaction Response in Consumption: A Suggested Framework and Research Propositions," *Journal of Consumer Satisfaction, Dissatisfaction and Complaining Behavior*, Vol.2, pp.1-16.

Oliver Richard L. and Wayne S. DeSarbo(1988), "Response Determinants in Satisfaction Judgements", *Journal of Consumer Research*, 14(March), 495-507.

Oliver, R. L. (1981), "Measurement and evaluation of satisfaction process in retail settings", *Journal of Retailing*, 57, 25-47.

Oliver, Richard L. (1980), "A Cognitive Model of the Antecedents and Consequences of Satisfaction Decisions", *Journal of Marketing Research*, 17(September), 46-49.

Oliver, Richard L.(1977), "Effect of Expectation and Disconfirmation of Postexposure Product Evaluations: An Alternative Interpretation", *Journal of Applied Psychology*, Vol.62, 482-483.

Parasuraman A., Valarie A. Zeithaml, and Leonard L. Berry (1988), "SERVQUAL: A Multiple-Item Scale for Measuring Consumer Perceptions of Service Quality", *Journal of*

Retailing, 64 (1), 12-40.

Parasuraman A., Valarie A. Zeithaml, and Leonard L. Berry(1985), "A Conceptual Model of Service Quality and Its Implication for Future Research", *Journal of marketing* 49(Fall), 41-50.

Parasuraman, A., L. L. Berry, and V. A. Zeithaml, (1991) "Understanding Customer Expectations of Service", *Slogan Management Review*, Spring , 39-48.

Price, Linda L., Eric J. Arnould, and Patrick Tierney(1995), "Going to Extremes: Managing Service Encounters and Assessing Provider Performance", *Journal of Marketing*, Vol.59 (April), 83-97.

Ralph L. Day and Laird Landon, Jr.(1977), "Toward a Theory of Consumer Complaining Behavior", in *Consumer and Industrial Behavior*, Arch G. Woodside, Jagdish N. Sheth, and Peter D. Bennett, eds., New York: Elsevier North-Holland, p.432.

Rathmell, J. M.(1974), *Marketing in the Service Sector*, Cambridge, MA: Winthrop Publisher.

Richins M. L.(1979), "Consumer Complaining Process: A Comprehensive Model", *New Dimensions of Consumer Satisfaction and Complaining Behavior*, Indiana University, 31-35.

Richins M. L.(1985), "The Role of Product Importance in Complaint Limitation", in *Consumer Satisfaction/Dissatisfaction and*

Complaining Behavior, eds. H. Keith Hunt and Ralpjh L. Day, Bloomington, IN: Indiana University School of Business, 50-33.

Richins, M. L.(1983), "Negative Word-of Mouth by Dissatisfied Consumers: A pilot Study", *Journal of Marketing*, 47 (Winter), 68-78.

Rogers, J. C., Ross, S. C., & Williams, T. G. (1992), "Personal Values and Purchase Dissatisfaction Response", *Journal of Consumer Satisfaction, Dissatisfaction and Complaining Behavior*, 5, 81-92.

Ross, Ivan and Richard L. Oliver (1984), "The Accuracy of Unsolicited Consumer Communications as Indicators of 'True' Consumer Satisfaction/Dissatisfaction," in Thomas C. Kinnear (ed.), *Advances in Consumer Research*, Vol.11, Ann Arbor, MI: Association for Consumer Research, 504-508.

Ruyter, Ko de and Martin Wetzels(2000), "Customer Equity Considerations in Service Recovery: A Cross-Industry Perspective", *International Journal of Service Industry Management*, Vol.11(1), 91-108.

Schweikart, Sharon B., Stephen Strasser, and Melissa R. Kennedy(1993), "Service Recovery in Health Services Organizations," *Hospital & Health Services Administration*, 38(1), 3-21.

Sheppard, B. H. and R. J. Lewicki(1987), "Toward General Principles of Managerial Fairness", *Social Justice Research*, Vol.1, 161-175.

Shostack, G. Lynn(1977), "Breaking Free from Product Marketing", *Journal of Marketing*, 41(2), p.77.

Singh, J.(1988), "Consumer Complaint Intentions and Behavior: Definitional and Taxonomical Issues", *Journal of Marketing*, Vol.52, January, 93-107.

Smith, A., Bolton, R. N. and Wagner, J.(1999), "A Model of Customer Satisfaction with Service Encounters Involving Failure and Recovery", *Journal of Marketing Research*, 36(August), 356-372.

Smith, Amy Kyper (1997), "Customer Satisfaction with Service Encounters Involving Failure Recovery: An Integrative Model of Exchange", *Unpublished Doctoral Dissertation*, Maryland University.

Spreng, Richard A., Gilbert D. Harrell, and Robert D. Mackoy(1995), "Service Recovery: Impact on Satisfaction and Intentions", *Journal of Service Marketing*, 9(1), 15-23.

Tax, Stephen S., Stephen W. Brown, and Murail Chandrashekara(1998), "Customer Evaluation of Service Complaint Experiences: Implication for Relationship Marketing", *Journal of Marketing*, 62(April), 60-76.

Tax, Steven S., and M. Chandrashekaran (1992), "Customer

Decision Making Following a Failed Service Encounter: A Pilot Study," *Journal of Satisfaction, Dissatisfaction and Complaining Behavior,* 5, 55-68.

Taylor, Shirley(1994), "Waiting for Services: The Relationship between Delays and Evaluations of Service," *Journal of Marketing,* 58(April), 56-69.

Teo, Thompson S. H. and Vivien K. G. Lim(2000), "The Effects of Percevied Justice on Satisfaction and Behavioral Intentions: The Case of computer Purchase", *International Journal of Retail & Distribution Management,* Vol.29(2), 109-124.

Thibaut, John and Laurens Walker (1975), *Procedural Justice: A Psychological Analysis,* Hillsdale, NJ: Lawrence Erlbaum Associates.

Tse, David K. and Peter C. Wilton(1988), "Models of Consumer Satisfaction: An Extension", *Journal of Marketing Research,* 25(May), p.201-212.

van de Ven A, Ferry D.(1979), *Measuring and Assessing Organizations,* New York: Wiley.

Weiner, B.(1980), *Human Motivation, Holt, Rinehart, and Winston,* New York, NY.

Westbrook R A, Oliver R L.(1991), "The dimensionality of consumption emotion patterns and consumer satisfaction", *Journal of Consumer Research,* 24, 84-91.

Westbrook, R A, Reilly M D.(1983), "Value-percept Disparity: An

Alternative to Disconfirmation of Expectations Theory of Consumer Satisfaction", *Advanced in Consumer Research*, 6(3), 256-261.

Westbrook, Robert A. and Joseph A. Cote(1980), "An Exploratory Study of Affective and Attitudinal Influences on Consumer Satisfaction," *Advances in Consumer Research*, Vol.1, 58-71.

Weun, Weung Gook(1997), "Service Failure and Recovery: Impacts on New Customer Relationships", *unpublished doctoral dissertation*, Tuscaloosa Alabama: University of Alabama.

Wilson A.(1992), "The Marketing of Professional Service", *London, Pitman*, 26-29.

Yi, Youjae(1990), "A Critical Review of Consumer Satisfaction", in Review of Marketing, Valerie A. Zeithaml, ed. Chicago, IL: *American Marketing Association*, 68-123.

Yi, Youjae(1993), "Determinants of Consumer Satisfaction: The Moderating Role of Ambiguity", *Advances in Consumer Research*, Vol.20, 502-507.

Zaltman, G., Wallendorf, M. (1983), *Consumer Behavior: Basic Findings and Management Implications*, John Wiley and Sons, New York, NY.

Zeithaml, Valarie A., Leonard L. Berry, and Parasuraman (1993), "The Nature and Determinants of Customer Expectations

148

of Service", Journal of the Academy of Marketing Science, 21(Winter), 1-12.

Zeithaml, Valarie A., Leonard L. Berry, and Parasuraman (1996), "The Behavioral Consequences of Service Quality", *Journal of marketing*, 60(April), 31-46.

Zemke, Ron and Chip R. Bell(1990), "Service Recovery: Doing It Right The Second Time", *Training*, June, 42-48.

Zemke, Ron and Dick Schaaf(1990), *The Service Edge : 101Companies That Profit From Customer Care*, New York : New American Library.

부 록

1. 설문지

1	1	1	1

설 문 지

안녕하십니까?

바쁘신 중에도 본 연구에 참여해 주셔서 대단히 감사합니다.
본 설문지는 □□서비스실패 및 회복노력과 고객만족의 관계
□□에 관한 연구논문을 위하여 작성된 것입니다. 설문지에 제시
되어 있는 시나리오를 면밀히 읽으시고 귀하께서 시나리오의 주
인공이라고 상상하시면서, 느끼신 대로 한 항목도 빠짐없이 응답
해 주시면 본 연구에 매우 귀중한 자료가 될 것입니다. 비록 많
은 질문 항목이지만 성의껏 답하여 주시면 감사하겠습니다.
또한 본 연구의 결과는 통계법 제8조 및 9조의 규정에 의하여
순수한 학문적 목적 이외에는 절대로 사용하지 않을 것을 약속
드리며 설문에 응해 주신 귀하의 도움에 진심으로 고객 숙여 감
사드립니다.

연 구 자: 배재대학교 경영학과   김 림 인

※ 다음의 시나리오를 주의 깊게 읽으시고 난 후에 질문에 응답해 주십시오. 시나리오를 읽으시면서 이러한 사건이 귀하께서 실제 항공기를 이용한 국제여행을 하실 때 일어났다는 가정을 하시고 응답해 주시기 바랍니다.

귀하께서 개인 사업을 하기 위해 호주로 출장하고자, 오늘 출발하는 시드니행 비행기 티켓을 2일 전에 예매했습니다. 시간에 맞춰 시드니로 갈 만한 항공편이 A, B 두 항공사가 있고, 그중 A항공사는 우수한 서비스로 알려져 있고 가격도 B항공사보다 10만 원 정도 비싼 반면에 B항공사는 서비스수준이 비교적 떨어지고 연착이 가끔 발생한다는 소문이 있지만 가격이 저렴한 것으로(A보다 10만 원 정도 저렴) 알려져 있습니다. 귀하는 "서비스수준이 좀 미흡하면 어때, 설마 운이 그렇게 나쁠까 내가 비행기 타는 날에 연착하겠어?"라고 생각하고는 항공비용을 줄이기 위해 B항공사티켓을 예매했습니다. 귀하는 시간에 맞춰서 공항에 도착해 탑승수속을 마치고 대기실에서 탑승을 기다리고 있었습니다. 그런데 기다리던 탑승안내방송은 나오지 않았고 출발시간이 거의 다 되어서 "갑작스러운 항공기의 고장으로 기체수리를 위해 비행기 출발시간이 5시간 정도 지연된다."는 안내방송이 나왔습니다. 귀하는 당황해서 B항공사 데스크에 찾아갔습니다.

Ⅰ. 다음 설문은 서비스실패의 심각성 정도와 실패 원인 추론을 측정
하는 문항들로 귀하는 위의 시나리오 상황에서 어떻게 느끼셨는
지를 위 상황의 주인공이 본인이라고 생각하고 응답해주시기 바
랍니다.

번호	설 문 항 목	전혀 그렇지 않다		보통 이다		매우 그렇다
1	시드니에 제시간에 도착하지 못하게 된 것은 귀하가 항공사를 잘못 선택했기 때문이라고 생각한다.	① ② ③ ④ ⑤ ⑥ ⑦				
2	시드니에 제시간에 도착하지 못하게 된 것은 완전히 항공사의 잘못이라고 생각한다.	① ② ③ ④ ⑤ ⑥ ⑦				
3	B항공사 측은 이 문제가 발생하는 것을 사전에 막을 수도 있었다.	① ② ③ ④ ⑤ ⑥ ⑦				
4	만일 B항공사 측이 좀더 주의를 기울였다면, 이 문제는 처음부터 발생하지 않았을 것이다.	① ② ③ ④ ⑤ ⑥ ⑦				
5	B항공사는 향후에도 이러한 서비스 문제가 자주 일어날 것이다.	① ② ③ ④ ⑤ ⑥ ⑦				
6	B항공사의 이러한 서비스 문제가 우연히 일어난 것이 아니다.	① ② ③ ④ ⑤ ⑥ ⑦				
7	만일 나에게 이런 문제가 발생했다면, 나는 이 문제를 매우 심각한 것으로 생각했을 것이다.	① ② ③ ④ ⑤ ⑥ ⑦				
8	만약 나에게 이런 문제가 발생했다면, 나는 매우 불쾌했을 것이다.	① ② ③ ④ ⑤ ⑥ ⑦				

번호	설 문 항 목	전혀 그럴지 않다		보통 이다			매우 그럴다	
9	항공서비스에 문제가 발생하면 보상받을 것이라는 나의 기대는 높을 것이다.	①	②	③	④	⑤	⑥	⑦
10	B항공사가 비행기 지연출발에 대해 나에게 사과를 할 것이라는 기대가 높을 것이다.	①	②	③	④	⑤	⑥	⑦
11	B항공사가 나를 최대한 빨리 시드니로 출발할 수 있도록 조치를 취할 것이라는 기대가 높을 것이다.	①	②	③	④	⑤	⑥	⑦
12	B항공사가 이러한 서비스실패에 대하여 회복하려고 노력할 것이라는 나의 기대가 높을 것이다.	①	②	③	④	⑤	⑥	⑦

※ 다음 시나리오는 앞의 시나리오와 연결되어지는 내용입니다. 다음 시나리오를 읽어주시고 앞의 시나리오 내용과 종합하여 다음의 설문에 응답해주시기 바랍니다.

B항공사의 데스크에 찾아가자마자 항공사 직원은 이미 기다리고 있었다는 듯이 매우 죄송스러운 표정을 지으며, "기체고장으로 비행기가 지연 출발하게 되어 매우 죄송하다."면서 "제가 최대한 시드니에 빨리 갈 수 있는 다른 항공편을 알아보겠으며, 일단 저희 회사 다음 비행기로 예약해 드리겠습니다."라고 말하면서 귀하를 안심시켰다. 그리고 출발지연에 대한 보상이라면서 향후 항공권 구매 시 30%의 할인권과 공항면세점의 상품권(만 원 상당)을 그 자리에서 귀하에게 주면서 여러 차례 죄송하다는 말을 했습니다. 또한 "앞으로 이런 일이 없도록 하겠습니다."라고 약속하며 "더 도와 드릴 일이 없습니까?"라고 친절하게 물어보았다.

II. 다음 설문은 서비스 문제를 해결하기 위해 항공사의 회복 노력에
대한 귀하의 지각을 측정하는 문항들입니다. 귀하는 위의 시나리
오 상황에서 B항공사의 회복 노력을 어떻게 느끼셨는지를 위 상
황의 주인공이 본인이라고 생각하고 응답해주시기 바랍니다.

번호	설 문 항 목	전혀 그렇지 않다			보통 이다			매우 그렇다
13	B항공사 측은 충분한 보상을 제공해 주었다.	①	②	③	④	⑤	⑥	⑦
14	나는 B항공사로부터 제공받은 보상에 대해 만족한다.	①	②	③	④	⑤	⑥	⑦
15	B항공사의 직원은 출발지연에 대해 즉각적인 반응을 보였다.	①	②	③	④	⑤	⑥	⑦
16	B항공사의 직원은 서비스 문제를 최 대한 빨리 해결했다	①	②	③	④	⑤	⑥	⑦
17	B항공사의 직원은 나의 불만을 적절 한 방식으로 처리했다.	①	②	③	④	⑤	⑥	⑦
18	B항공사 직원의 태도가 좋았다.	①	②	③	④	⑤	⑥	⑦
19	B항공사 직원은 나에게 적절한 관심 을 가졌다.	①	②	③	④	⑤	⑥	⑦
20	B항공사 직원은 나에게 정중히 사과 했다	①	②	③	④	⑤	⑥	⑦
21	전반적으로 나는 항공사의 문제해결 노 력에 대해 성과가 높았다고 생각한다.	①	②	③	④	⑤	⑥	⑦
22	비행기 연착에 대하여 B항공사가 취한 여러 행동들의 성과 수준은 높았다.	①	②	③	④	⑤	⑥	⑦

번호	설 문 항 목	전혀 그렇지 않다			보통 이다			매우 그렇다
23	비행기 연착에 대하여 B항공사가 취한 회복노력은 나를 만족시킬 만큼 성과가 있었다.	①	②	③	④	⑤	⑥	⑦
24	B항공사의 문제해결 노력 성과가 나의 기대에 넘어섰다	①	②	③	④	⑤	⑥	⑦
25	B항공사의 문제해결 노력 성과가 나의 기대 수준보다 높았다.	①	②	③	④	⑤	⑥	⑦
26	전반적으로 위 사례의 서비스 경험에 대해 만족스러웠다.	①	②	③	④	⑤	⑥	⑦
27	전반적으로 B항공사에 대해 만족했다.	①	②	③	④	⑤	⑥	⑦
28	전반적으로 B항공사의 서비스가 우수했다.	①	②	③	④	⑤	⑥	⑦

Ⅲ. 다음은 시나리오에 대한 귀하의 의견을 묻는 항목들입니다. 해당되는 번호에 √로 표시해주시기 바랍니다.

번호	설문항목	전혀 그렇지 않다			보통 이다			매우 그렇다
29	시나리오에서 묘사된 그 상황이 정말 누군가에게나 발생할 수 있다고 생각한다.	①	②	③	④	⑤	⑥	⑦

IV. 다음은 귀하의 인적사항에 관한 질문입니다. 해당하는 곳에 √
로 표시, 빈칸에는 귀하가 직접 기록해 주시기 바랍니다.

30	귀하의 성별은?	① 남 성 ② 여 성
31	귀하의 연령은?	① 20대 ② 30대 ③ 40대 ④ 50대
32	귀하의 학력은?	① 고졸 이하 ② 대학재학 및 대졸(전문대포함) ③ 대학원 재학 및 대학원 졸
33	귀하의 직업은?	① 주부 ② 학생 ③ 회사원 ④ 전문직 ⑤ 공무원 ⑥ 서비스직 ⑦ 기 타
34	귀하의 월 평균 수입은?	① 100만 원 이하 ② 100~200만 원 ③ 200~300만 원 ④ 300~400만 원 ⑤ 400~500만 원 ⑥ 500만 원 이상
35	최근 1년간에 귀하의 국내외 항공기 이용 경험 횟수는?	( ) 회 (적어주시기 바랍니다)
수고하셨습니다! 응답해주셔서 대단히 감사합니다!!		

2. 시나리오

S1: 심각성 높음 + 통제가능 + 과정회복노력 높음 + 결과회복노력 높음

귀하께서 개인 사업을 하기 위해 호주로 출장하고자, 오늘 출발하는 시드니행 비행기 티켓을 2일 전에 예매했습니다. 시간에 맞춰 시드니로 갈 만한 항공편이 A, B 두 항공사가 있고, 그중 A항공사는 우수한 서비스로 알려져 있고 가격도 B항공사보다 10만 원 정도 비싼 반면에 B항공사는 서비스수준이 비교적 떨어지고 연착이 가끔 발생한다는 소문이 있지만 가격이 저렴한 것으로(A보다 10만 원 정도 저렴) 알려져 있습니다. 귀하는 "서비스수준이 좀 미흡하면 어때, 설마 운이 그렇게 나쁠까 내가 비행기 타는 날에 연착하겠어?"라고 생각하고는 항공비용을 줄이기 위해 B항공사티켓을 예매했습니다. 귀하는 시간에 맞춰서 공항에 도착해 탑승수속을 마치고 대기실에서 탑승을 기다리고 있었습니다. 그런데 기다리던 탑승 안내방송은 나오지 않았고 출발시간이 거의 다 되어서 "갑작스러운 항공기의 고장으로 기체수리를 위해 비행기 출발시간이 5시간 정도 지연된다."는 안내방송이 나왔습니다. 귀하는 당황해서 B항공사 데스크에 찾아갔습니다.

B항공사의 데스크에 찾아가자마자 항공사 직원은 이미 기다리고 있었다는 듯이 매우 죄송스러운 표정을 지으며, "회사사정으로 비행기가 지연 출발하게 되어 매우 죄송하다."면서 "제가 최대한 시드니에 빨리 갈 수 있는 다른 항공편을 찾아보겠으며, 일단 저희 회사 다음 비행기로 예약해 드리겠습니다."라고 말하면서 귀하를 안

심시켰다. 그리고 출발지연에 대한 보상이라면서 향후 항공권 구매 시 30%의 할인권과 공항면세점의 상품권(만 원 상당)을 그 자리에서 귀하에게 주면서 여러 차례 죄송하다는 말을 했습니다. 또한 "앞으로 이런 일이 없도록 하겠습니다."라고 약속하며 "더 도와 드릴 사항이 없습니까?"라고 친절하게 물어보았다.

S2: 심각성 높음 + 통제가능 + 과정회복노력 높음 + 결과회복노력 낮음

귀하께서 개인 사업을 하기 위해 호주로 출장하고자, 오늘 출발하는 시드니행 비행기 티켓을 2일 전에 예매했습니다. 시간에 맞춰 시드니로 갈 만한 항공편이 A, B 두 항공사가 있고, 그중 A항공사는 우수한 서비스로 알려져 있고 가격도 B항공사보다 10만 원 정도 비싼 반면에 B항공사는 서비스수준이 비교적 떨어지고 연착이 가끔 발생한다는 소문이 있지만 가격이 저렴한 것으로(A보다 10만 원 정도 저렴) 알려져 있습니다. 귀하는 "서비스수준이 좀 미흡하면 어때, 설마 운이 그렇게 나쁠까 내가 비행기 타는 날에 연착하겠어?"라고 생각하고는 항공비용을 줄이기 위해 B항공사티켓을 예매했습니다. 귀하는 시간에 맞춰서 공항에 도착해 탑승수속을 마치고 대기실에서 탑승을 기다리고 있었습니다. 그런데 기다리던 탑승 안내방송은 나오지 않았고 출발시간이 거의 다 되어서 "갑작스러운 항공기의 고장으로 기체수리를 위해 비행기 출발시간이 5시간 정도 지연된다."는 안내방송이 나왔습니다. 귀하는 당황해서 B항공사 데스크에 찾아갔습니다.

B항공사의 데스크에 찾아가자마자 항공사 직원은 이미 기다리고 있

었다는 듯이 매우 죄송스러운 표정을 지으며, "회사사정으로 비행기가 지연 출발하게 되어 매우 죄송하다."면서 "제가 최대한 시드니에 빨리 갈 수 있는 다른 항공편을 찾아보겠으며, 일단 저희 회사 다음 비행기로 예약해 드리겠습니다."라고 말하면서 귀하를 안심시켰다. 그리고 출발지연에 대한 보상으로 B항공사의 회원카드가 있는 경우 향후 항공권 구매 시 30%의 할인권을 드리나 귀하는 회원이 아니기 때문에 항공료할인권을 드릴 수 없다면서 다만 공항면세점의 상품권(만 원 상당)을 그 자리에서 귀하에게 주면서 여러 차례 죄송하다는 말을 했습니다. 또한 "앞으로 이런 일이 없도록 하겠습니다."라고 약속하며 "더 도와드릴 사항이 없습니까?"라고 친절하게 물어보았다.

S3: 심각성 높음 + 통제가능 + 과정회복노력 낮음 + 결과회복노력 높음

귀하께서 개인 사업을 하기 위해 호주로 출장하고자, 오늘 출발하는 시드니행 비행기 티켓을 2일 전에 예매했습니다. 시간에 맞춰 시드니로 갈 만한 항공편이 A, B 두 항공사가 있고, 그중 A항공사는 우수한 서비스로 알려져 있고 가격도 B항공사보다 10만 원 정도 비싼 반면에 B항공사는 서비스수준이 비교적 떨어지고 연착이 가끔 발생한다는 소문이 있지만 가격이 저렴한 것으로(A보다 10만 원 정도 저렴) 알려져 있습니다. 귀하는 "서비스수준이 좀 미흡하면 어때, 설마 운이 그렇게 나쁠까 내가 비행기 타는 날에 연착하겠어?"라고 생각하고는 항공비용을 줄이기 위해 B항공사티켓을 예매했습니다. 귀하는 시간에 맞춰서 공항에 도착해 탑승수속을 마치고 대기실에서 탑승을 기다리고 있었습니다. 그런데 기다리던 탑승

안내방송은 나오지 않았고 출발시간이 거의 다 되어서 "갑작스러운 항공기의 고장으로 기체수리를 위해 비행기 출발시간이 5시간 정도 지연된다."는 안내방송이 나왔습니다. 귀하는 당황해서 B항공사 데스크에 찾아갔습니다.

B항공사 데스크에 찾아가자 항공사 직원은 전화통화를 하고 있었는데 2분이나 지나고 전화를 끊고 지연출발이 보통 있는 일인 듯한 표정을 지으며, "늦어서 죄송하지만 이해해주시기 바랍니다."라고 한 마디만 하고는 다른 특별한 행동 없이 소극적인 태도를 취했습니다. 태도도 별로 친절하지 않았습니다. 이에 화가 나 "중요한 사업 때문에 제시간에 시드니 도착해야 되는데 …… 어떻게 해야 합니까? 빨리 조치를 취해야죠?"라고 항의하자 그 직원은 하는 수 없다는 듯이 "제가 책임자가 아니라서 어떻게 해드릴 수가 없고, 먼저 책임자와 연락해야 하니 잠시만 기다려 주십시오." 하고는 5분 후쯤 다시 나타나 "곧바로 떠날 수 있는 다른 항공편을 예약해 드리겠습니다. 그리고 저희 회사의 다음 비행기에 대기자 명단에 올려드리겠습니다."라고 말했다. 귀하는 "그러면 출발지연에 대해 뭔가 보상을 해주셔야 되는 것 아니냐?"고 다그치자 그 직원은 "이런 경우에는 고객들에게 30% 항공료할인권과 공항면세점상품권(만 원 상당)을 드릴 것이니 저희 회사의 고객서비스 창구에서 받으시면 됩니다."라고 얘기하고는 다른 승객을 상대하기 위해 서둘러 고개를 돌렸다.

S4: 심각성 높음 + 통제가능 + 과정회복노력 낮음 + 결과회복노력 낮음

귀하께서 개인 사업을 하기 위해 호주로 출장하고자, 오늘 출발하

160

는 시드니행 비행기 티켓을 2일 전에 예매했습니다. 시간에 맞춰 시드니로 갈 만한 항공편이 A, B 두 항공사가 있고, 그중 A항공사는 우수한 서비스로 알려져 있고 가격도 B항공사보다 10만 원 정도 비싼 반면에 B항공사는 서비스수준이 비교적 떨어지고 연착이 가끔 발생한다는 소문이 있지만 가격이 저렴한 것으로(A보다 10만 원 정도 저렴) 알려져 있습니다. 귀하는 "서비스수준이 좀 미흡하면 어때, 설마 운이 그렇게 나쁠까 내가 비행기 타는 날에 연착하겠어?"라고 생각하고는 항공비용을 줄이기 위해 B항공사티켓을 예매했습니다. 귀하는 시간에 맞춰서 공항에 도착해 탑승수속을 마치고 대기실에서 탑승을 기다리고 있었습니다. 그런데 기다리던 탑승 안내방송은 나오지 않았고 출발시간이 거의 다 되어서 "갑작스러운 항공기의 고장으로 기체수리를 위해 비행기 출발시간이 5시간 정도 지연된다."는 안내방송이 나왔습니다. 귀하는 당황해서 B항공사 데스크에 찾아갔습니다.

B항공사 데스크에 찾아가자 항공사 직원은 전화통화를 하고 있었는데 2분이나 지나고 전화를 끊고 지연출발이 보통 있는 일인 듯한 표정을 지으며, "늦어서 죄송하지만 이해해주시기 바랍니다."라고 한마디만 하고는 다른 특별한 행동 없이 소극적인 태도를 취했습니다. 태도도 별로 친절하지 않았습니다. 이에 화가 나 "중요한 사업 때문에 제시간에 시드니에 도착해야 되는데 …… 어떻게 해야 합니까? 빨리 조치를 취해야죠?"라고 항의하자 그 직원은 하는 수 없다는 듯이 "제가 책임자가 아니라서 어떻게 해드릴 수가 없고, 먼저 책임자와 연락해야 하니 잠시만 기다려 주십시오." 하고는 5분 후쯤 다시 나타나 "곧바로 떠날 수 있는 다른 항공편을 예약해 드리

겠습니다. 그리고 저희 회사의 다음 비행기에 대기자 명단에 올려
드리겠습니다."라고 말했다. 귀하는 "그러면 출발지연에 대해 뭔가
보상을 해주셔야 되는 것 아니냐?"고 다그치자 그 직원은 "이런 경
우에는 회원카드 있는 고객들에게 30% 항공료할인권을 드리나 귀
하는 회원이 아니기 때문에 할인권을 드리지 못하며, 다만 공항면
세점 상품권(만 원 상당)을 받을 수 있으니 저희 회사의 고객서비
스 창구에서 받으시면 됩니다."라고 얘기하고는 다른 승객을 상대
하기 위해 서둘러 고개를 돌렸다.

S5: 심각성 높음 + 통제불가능 + 과정회복노력 높음 + 결과회복 노력 높음

귀하께서 개인 사업을 하기 위해 호주로 출장하고자, 오늘 출발하
는 시드니행 비행기 티켓을 2일 전에 예매했습니다. 시간에 맞춰
시드니로 갈 만한 항공편이 A, B 두 항공사가 있고, 그중 A항공사
는 우수한 서비스로 알려져 있고 가격도 B항공사보다 10만 원 정
도 비싼 반면에 B항공사는 서비스수준이 비교적 떨어지고 연착이
가끔 발생한다는 소문이 있지만 가격이 저렴한 것으로(A보다 10만
원 정도 저렴) 알려져 있습니다. 귀하는 "서비스수준이 좀 미흡하
면 어때, 설마 운이 그렇게 나쁠까 내가 비행기 타는 날에 연착하
겠어?"라고 생각하고는 항공비용을 줄이기 위해 B항공사티켓을 예
매했습니다. 귀하는 시간에 맞춰서 공항에 도착해 탑승수속을 마치
고 대기실에서 탑승을 기다리고 있었습니다. 그런데 기다리던 탑승
안내방송은 나오지 않았고 출발시간이 거의 다 되어서 "경유지 폭
우로 인한 경유지공항폐쇄 때문에 비행기의 출발시간이 5시간 정도
지연된다."는 안내방송이 나왔습니다. 귀하는 당황해서 B항공사 데

스크에 찾아갔습니다.

B항공사의 데스크에 찾아가자마자 항공사 직원은 이미 기다리고 있었다는 듯이 매우 죄송스러운 표정을 지으며, "회사사정으로 비행기가 지연 출발하게 되어 매우 죄송하다."면서 "제가 최대한 시드니에 빨리 갈 수 있는 다른 항공편을 찾아보겠으며, 일단 저희 회사 다음 비행기로 예약해 드리겠습니다."라고 말하면서 귀하를 안심시켰다. 그리고 출발지연에 대한 보상이라면서 향후 항공권 구매 시 30%의 할인권과 공항면세점의 상품권(만 원 상당)을 그 자리에서 귀하에게 주면서 여러 차례 죄송하다는 말을 했습니다. 또한 "앞으로 이런 일이 없도록 하겠습니다."라고 약속하며 "더 도와 드릴 사항이 없습니까?"라고 친절하게 물어보았다.

S6: 심각성 높음 + 통제불가능 + 과정회복노력 높음 + 결과회복 노력 낮음

귀하께서 개인 사업을 하기 위해 호주로 출장하고자, 오늘 출발하는 시드니행 비행기 티켓을 2일 전에 예매했습니다. 시간에 맞춰 시드니로 갈 만한 항공편이 A, B 두 항공사가 있고, 그중 A항공사는 우수한 서비스로 알려져 있고 가격도 B항공사보다 10만 원 정도 비싼 반면에 B항공사는 서비스수준이 비교적 떨어지고 연착이 가끔 발생한다는 소문이 있지만 가격이 저렴한 것으로(A보다 10만 원 정도 저렴) 알려져 있습니다. 귀하는 "서비스수준이 좀 미흡하면 어때, 설마 운이 그렇게 나쁠까 내가 비행기 타는 날에 연착하겠어?"라고 생각하고는 항공비용을 줄이기 위해 B항공사티켓을 예매했습니다. 귀하는 시간에 맞춰서 공항에 도착해 탑승수속을 마치고 대기실에서 탑승을 기다리고 있었습니다. 그런데 기다리던 탑승 안내방송은 나오지 않았고 출발시간이 거의 다 되어서 "경유지 폭우로 인한 경유지공항의 잠시폐쇄 때문에 비행기의 출발시간이 5시간 정도 지연된다."는 안내방송이 나왔습니다. 귀하는 당황해서 B항공사 데스크에 찾아갔습니다.

B항공사의 데스크에 찾아가자마자 항공사 직원은 이미 기다리고 있었다는 듯이 매우 죄송스러운 표정을 지으며, "회사사정으로 비행기가 지연 출발하게 되어 매우 죄송하다."면서 "제가 최대한 시드니에 빨리 갈 수 있는 다른 항공편을 찾아보겠으며, 일단 저희 회사 다음 비행기로 예약해 드리겠습니다."라고 말하면서 귀하를 안심시켰다. 그리고 출발지연에 대한 보상으로 B항공사의 회원카드가 있는 경우 향후 항공권 구매 시 30%의 할인권을 드리나 귀하는 회원이 아니기 때문에 항공료할인권을 드릴 수 없다면서 다만 공항면세점의 상품권(만 원 상당)을 그 자리에서 귀하에게 주면서 여러 차례 죄송하다는 말을 했습니다. 또한 "앞으로 이런 일이 없도록 하겠습니다."라고 약속하며 "더 도와드릴 사항이 없습니까?"라고 친절하게 물어보았다.

S7: 심각성 높음 + 통제불가능 + 과정회복노력 낮음 + 결과회복 노력 높음

귀하께서 개인 사업을 하기 위해 호주로 출장하고자, 오늘 출발하는 시드니행 비행기 티켓을 2일 전에 예매했습니다. 시간에 맞춰 시드니로 갈 만한 항공편이 A, B 두 항공사가 있고, 그중 A항공사는 우수한 서비스로 알려져 있고 가격도 B항공사보다 10만 원 정도 비싼 반면에 B항공사는 서비스수준이 비교적 떨어지고 연착이 가끔 발생한다는 소문이 있지만 가격이 저렴한 것으로(A보다 10만 원 정도 저렴) 알려져 있습니다. 귀하는 "서비스수준이 좀 미흡하면 어때, 설마 운이 그렇게 나쁠까 내가 비행기 타는 날에 연착하겠어?"라고 생각하고는 항공비용을 줄이기 위해 B항공사티켓을 예매했습니다. 귀하는 시간에 맞춰서 공항에 도착해 탑승수속을 마치고 대기실에서 탑승을 기다리고 있었습니다. 그런데 기다리던 탑승 안내방송은 나오지 않았고 출발시간이 거의 다 되어서 "경유지 폭우로 인한 경유지공항 잠시 폐쇄 때문에 비행기의 출발시간이 5시간 정도 지연된다."는 안내방송이 나왔습니다. 귀하는 당황해서 B항공사 데스크에 찾아갔습니다.

B항공사 데스크에 찾아가자 항공사 직원은 전화통화를 하고 있었는데 2분이나 지나고 전화를 끊고 지연출발이 보통 있는 일인 듯한 표정을 지으며, "늦어서 죄송하지만 이해해주시기 바랍니다."라고 한마디만 하고는 다른 특별한 행동 없이 소극적인 태도를 취했습니다. 태도도 별로 친절하지 않았습니다. 이에 화가 나 "중요한 사업 때문에 제시간에 시드니에 도착해야 되는데 …… 어떻게 해야 합니까? 빨리 조치를 취해야죠?"라고 항의하자 그 직원은 하는 수 없다는 듯이 "제가 책임자가 아니라서 어떻게 해드릴 수가 없고, 먼저 책임자와 연락해야 하니 잠시만 기다려 주십시오." 하고는 5분 후쯤 다시 나타나 "곧바로 떠날 수 있는 다른 항공편을 예약해 드리겠습니다. 그리고 저희 회사의 다음 비행기에 대기자 명단에 올려드리겠습니다."라고 말했다. 귀하는 "그러면 출발지연에 대해 뭔가 보상을 해주셔야 되는 것 아니냐?"고 다그치자 그 직원은 "이런 경

우에는 고객들에게 30% 항공료할인권과 공항면세점 상품권(만 원 상당)을 드릴 것이니 저희 회사의 고객서비스창구에서 받으시면 됩니다."라고 얘기하고는 다른 승객을 상대하기 위해 서둘러 고개를 돌렸다.

S8: 심각성 높음 + 통제불가능 + 과정회복노력 낮음 + 결과회복 노력 낮음

귀하께서 개인 사업을 하기 위해 호주로 출장하고자, 오늘 출발하는 시드니행 비행기 티켓을 2일 전에 예매했습니다. 시간에 맞춰 시드니로 갈 만한 항공편이 A, B 두 항공사가 있고, 그중 A항공사는 우수한 서비스로 알려져 있고 가격도 B항공사보다 10만 원 정도 비싼 반면에 B항공사는 서비스수준이 비교적 떨어지고 연착이 가끔 발생한다는 소문이 있지만 가격이 저렴한 것으로(A보다 10만 원 정도 저렴) 알려져 있습니다. 귀하는 "서비스수준이 좀 미흡하면 어때, 설마 운이 그렇게 나쁠까 내가 비행기 타는 날에 연착하겠어?"라고 생각하고는 항공비용을 줄이기 위해 B항공사티켓을 예매했습니다. 귀하는 시간에 맞춰서 공항에 도착해 탑승수속을 마치고 대기실에서 탑승을 기다리고 있었습니다. 그런데 기다리던 탑승안내방송은 나오지 않았고 출발시간이 거의 다 되어서 "경유지 폭우로 인한 경유지공항의 잠시 폐쇄 때문에 비행기의 출발시간이 5시간 정도 지연된다."는 안내방송이 나왔습니다. 귀하는 당황해서 B항공사 데스크에 찾아갔습니다.

B항공사 데스크에 찾아가자 항공사 직원은 전화통화를 하고 있었는데 2분이나 지나고 전화를 끊고 지연출발이 보통 있는 일인 듯한

표정을 지으며, "늦어서 죄송하지만 이해해주시기 바랍니다."라고 한마디만 하고는 다른 특별한 행동 없이 소극적인 태도를 취했습니다. 태도도 별로 친절하지 않았습니다. 이에 화가 나 "중요한 사업 때문에 제시간에 시드니에 도착해야 되는데 …… 어떻게 해야 합니까? 빨리 조치를 취해야죠?"라고 항의하자 그 직원은 하는 수 없다는 듯이 "제가 책임자가 아니라서 어떻게 해드릴 수가 없고, 먼저 책임자와 연락해야 하니 잠시만 기다려 주십시오." 하고는 5분 후쯤 다시 나타나 "곧바로 떠날 수 있는 다른 항공편을 예약해드리지요, 그리고 저희 회사의 다음 비행기에 대기자 명단에 올려드리겠습니다."라고 말했다. 귀하는 "그러면 출발지연에 대해 뭔가 보상을 해주셔야 되는 것 아니냐?"고 다그치자 그 직원은 "이런 경우에는 회원카드 있는 고객들에게 30% 항공료할인권을 드리나 귀하는 회원이 아니기 때문에 할인권을 드리지 못하며, 다만 공항면세점 상품권(만 원 상당)을 받을 수 있으니 저희 회사의 고객서비스 창구에서 받으시면 됩니다."라고 얘기하고는 다른 승객을 상대하기 위해 서둘러 고개를 돌렸다.

S9: 심각성 낮음 + 통제가능 + 과정회복노력 높음 + 결과회복노력 높음

귀하께서 개인 사업을 하기 위해 호주로 출장하고자, 오늘 출발하는 시드니행 비행기 티켓을 2일 전에 예매했습니다. 시간에 맞춰 시드니로 갈 만한 항공편이 A, B 두 항공사가 있고, 그중 A항공사는 우수한 서비스로 알려져 있고 가격도 B항공사보다 10만 원 정도 비싼 반면에 B항공사는 서비스수준이 비교적 떨어지고 연착이 가끔 발생한다는 소문이 있지만 가격이 저렴한 것으로(A보다 10만 원 정도 저렴) 알려져 있습니다. 귀하는 "서비스수준이 좀 미흡하면 어때, 설마 운이 그렇게 나쁠까 내가 비행기 타는 날에 연착하겠어?"라고 생각하고는 항공비용을 줄이기 위해 B항공사티켓을 예매했습니다. 귀하는 시간에 맞춰서 공항에 도착해 탑승수속을 마치고 대기실에서 탑승을 기다리고 있었습니다. 그런데 기다리던 탑승안내방송은 나오지 않았고 출발시간이 거의 다 되어서 "갑작스러운 항공기의 고장으로 기체수리를 위해 비행기 출발시간이 1시간 정도 지연된다."는 안내방송이 나왔습니다. 귀하는 당황해서 B항공사 데스크에 찾아갔습니다.

B항공사의 데스크에 찾아가자마자 항공사 직원은 이미 기다리고 있었다는 듯이 매우 죄송스러운 표정을 지으며, "회사사정으로 비행기가 지연 출발하게 되어 매우 죄송하다."면서 "제가 최대한 시드니에 빨리 갈 수 있는 다른 항공편을 찾아보겠으며, 일단 저희 회사 다음 비행기로 예약해 드리겠습니다."라고 말하면서 귀하를 안심시켰다. 그리고 출발지연에 대한 보상이라면서 향후 항공권 구매 시 30%의 할인권과 공항면세점의 상품권(만 원 상당)을 그 자리에서 귀하에게 주면서 여러 차례 죄송하다는 말을 했습니다. 또한 "앞으로 이런 일이 없도록 하겠습니다."라고 약속하며 "더 도와 드릴 사항이 없습니까?"라고 친절하게 물어보았다.

S10: 심각성 낮음 + 통제가능 + 과정회복노력 높음 + 결과회복 노력 낮음

귀하께서 개인 사업을 하기 위해 호주로 출장하고자, 오늘 출발하는 시드니행 비행기 티켓을 2일 전에 예매했습니다. 시간에 맞춰

시드니로 갈 만한 항공편이 A, B 두 항공사가 있고, 그중 A항공사
는 우수한 서비스로 알려져 있고 가격도 B항공사보다 10만 원 정
도 비싼 반면에 B항공사는 서비스수준이 비교적 떨어지고 연착이
가끔 발생한다는 소문이 있지만 가격이 저렴한 것으로(A보다 10만
원 정도 저렴) 알려져 있습니다. 귀하는 "서비스수준이 좀 미흡하
면 어때, 설마 운이 그렇게 나쁠까 내가 비행기 타는 날에 연착하
겠어?"라고 생각하고는 항공비용을 줄이기 위해 B항공사티켓을 예
매했습니다. 귀하는 시간에 맞춰서 공항에 도착해 탑승수속을 마치
고 대기실에서 탑승을 기다리고 있었습니다. 그런데 기다리던 탑승
안내방송은 나오지 않았고 출발시간이 거의 다 되어서 "갑작스러운
항공기의 고장으로 기체수리를 위해 비행기 출발시간이 1시간 정도
지연된다."는 안내방송이 나왔습니다. 귀하는 당황해서 B항공사 데
스크에 찾아갔습니다.

B항공사의 데스크에 찾아가자마자 항공사 직원은 이미 기다리고 있
었다는 듯이 매우 죄송스러운 표정을 지으며, "회사사정으로 비행
기가 지연 출발하게 되어 매우 죄송하다."면서 "제가 최대한 시드
니에 빨리 갈 수 있는 다른 항공편을 찾아보겠으며, 일단 저희 회
사 다음 비행기로 예약해 드리겠습니다."라고 말하면서 귀하를 안
심시켰다. 그리고 출발지연에 대한 보상으로 B항공사의 회원카드가
있는 경우 향후 항공권 구매 시 30%의 할인권을 드리나 귀하는 회
원이 아니기 때문에 항공료할인권을 드릴 수 없다면서 다만 공항면
세점의 상품권(만 원 상당)을 그 자리에서 귀하에게 주면서 여러
차례 죄송하다는 말을 했습니다. 또한 "앞으로 이런 일이 없도록
하겠습니다."라고 약속하며 "더 도와드릴 사항이 없습니까?"라고
친절하게 물어보았다.

S11: 심각성 낮음 + 통제가능 + 과정회복노력 낮음 + 결과회복 노력 높음

귀하께서 개인 사업을 하기 위해 호주로 출장하고자, 오늘 출발하는 시드니행 비행기 티켓을 2일 전에 예매했습니다. 시간에 맞춰 시드니로 갈 만한 항공편이 A, B 두 항공사가 있고, 그중 A항공사는 우수한 서비스로 알려져 있고 가격도 B항공사보다 10만 원 정도 비싼 반면에 B항공사는 서비스수준이 비교적 떨어지고 연착이 가끔 발생한다는 소문이 있지만 가격이 저렴한 것으로(A보다 10만 원 정도 저렴) 알려져 있습니다. 귀하는 "서비스수준이 좀 미흡하면 어때, 설마 운이 그렇게 나쁠까 내가 비행기 타는 날에 연착하겠어?"라고 생각하고는 항공비용을 줄이기 위해 B항공사티켓을 예매했습니다. 귀하는 시간에 맞춰서 공항에 도착해 탑승수속을 마치고 대기실에서 탑승을 기다리고 있었습니다. 그런데 기다리던 탑승 안내방송은 나오지 않았고 출발시간이 거의 다 되어서 "갑작스러운 항공기의 고장으로 기체수리를 위해 비행기 출발시간이 1시간 정도 지연된다."는 안내방송이 나왔습니다. 귀하는 당황해서 B항공사 데스크에 찾아갔습니다.

B항공사 데스크에 찾아가자 항공사 직원은 전화통화를 하고 있었는데 2분이나 지나고 전화를 끊고 지연출발이 보통 있는 일인 듯한 표정을 지으며, "늦어서 죄송하지만 이해해주시기 바랍니다."라고 한마디만 하고는 다른 특별한 행동 없이 소극적인 태도를 취했습니다. 태도도 별로 친절하지 않았습니다. 이에 화가 나 "중요한 사업 때문에 제시간에 시드니에 도착해야 되는데 …… 어떻게 해야 합니까? 빨리 조치를 취해야죠?"라고 항의하자 그 직원은 하는 수 없다

는 듯이 "제가 책임자가 아니라서 어떻게 해드릴 수가 없고, 먼저
책임자와 연락해야 하니 잠시만 기다려 주십시오." 하고는 5분 후
쯤 다시 나타나 "곧바로 떠날 수 있는 다른 항공편을 예약해 드리
겠습니다. 그리고 저희 회사의 다음 비행기에 대기자 명단에 올려
드리겠습니다."라고 말했다. 귀하는 "그러면 출발지연에 대해 뭔가
보상을 해주셔야 되는 것 아니냐?"고 다그치자 그 직원은 "이런 경
우에는 고객들에게 30% 항공료할인권과 공항면세점 상품권(만 원
상당)을 드릴 것이니 저희 회사의 고객서비스 창구에서 받으시면
됩니다."라고 얘기하고는 다른 승객을 상대하기 위해 서둘러 고개
를 돌렸다.

S12: 심각성 낮음 + 통제가능 + 과정회복노력 낮음 + 결과회복
   노력 낮음

귀하께서 개인 사업을 하기 위해 호주로 출장하고자, 오늘 출발하
는 시드니행 비행기 티켓을 2일 전에 예매했습니다. 시간에 맞춰
시드니로 갈 만한 항공편이 A, B 두 항공사가 있고, 그중 A항공사
는 우수한 서비스로 알려져 있고 가격도 B항공사보다 10만 원 정
도 비싼 반면에 B항공사는 서비스수준이 비교적 떨어지고 연착이
가끔 발생한다는 소문이 있지만 가격이 저렴한 것으로(A보다 10만
원 정도 저렴) 알려져 있습니다. 귀하는 "서비스수준이 좀 미흡하
면 어때, 설마 운이 그렇게 나쁠까 내가 비행기 타는 날에 연착하
겠어?"라고 생각하고는 항공비용을 줄이기 위해 B항공사티켓을 예
매했습니다. 귀하는 시간에 맞춰서 공항에 도착해 탑승수속을 마치
고 대기실에서 탑승을 기다리고 있었습니다. 그런데 기다리던 탑승
안내방송은 나오지 않았고 출발시간이 거의 다 되어서 "갑작스러운

항공기의 고장으로 기체수리를 위해 비행기 출발시간이 1시간 정도 지연된다."는 안내방송이 나왔습니다. 귀하는 당황해서 B항공사 데스크에 찾아갔습니다.

B항공사 데스크에 찾아가자 항공사 직원은 전화통화를 하고 있었는데 2분이나 지나고 전화를 끊고 지연출발이 보통 있는 일인 듯한 표정을 지으며, "늦어서 죄송하지만 이해해주시기 바랍니다."라고 한마디만 하고는 다른 특별한 행동 없이 소극적인 태도를 취했습니다. 태도도 별로 친절하지 않았습니다. 이에 화가 나 "중요한 사업 때문에 제시간에 시드니에 도착해야 되는데 …… 어떻게 해야 합니까? 빨리 조치를 취해야죠?"라고 항의하자 그 직원은 하는 수 없다는 듯이 "제가 책임자가 아니라서 어떻게 해드릴 수가 없고, 먼저 책임자와 연락해야 하니 잠시만 기다리십시오." 하고는 5분 후쯤 다시 나타나 "곧바로 떠날 수 있는 다른 항공편을 예약해 드리겠습니다. 그리고 저희 회사의 다음 비행기에 대기자 명단에 올려드리겠습니다."라고 말했다. 귀하는 "그러면 출발지연에 대해 뭔가 보상을 해주셔야 되는 것 아니냐?"고 다그치자 그 직원은 "이런 경우에는 회원카드 있는 고객들에게 30% 항공료할인권을 드리나 귀하는 회원이 아니기 때문에 할인권을 드리지 못하며, 다만 공항면세점 상품권(만 원 상당)을 받을 수 있으니 저희 회사의 고객서비스 창구에서 받으시면 됩니다."라고 얘기하고는 다른 승객을 상대하기 위해 서둘러 고개를 돌렸다.

S13: 심각성 낮음 + 통제불가능 + 과정회복노력 높음 + 결과회복노력 높음

귀하께서 개인 사업을 하기 위해 호주로 출장하고자, 오늘 출발하는 시드니행 비행기 티켓을 2일 전에 예매했습니다. 시간에 맞춰 시드니로 갈 만한 항공편이 A, B 두 항공사가 있고, 그중 A항공사는 우수한 서비스로 알려져 있고 가격도 B항공사보다 10만 원 정도 비싼 반면에 B항공사는 서비스수준이 비교적 떨어지고 연착이 가끔 발생한다는 소문이 있지만 가격이 저렴한 것으로(A보다 10만 원 정도 저렴) 알려져 있습니다. 귀하는 "서비스수준이 좀 미흡하면 어때, 설마 운이 그렇게 나쁠까 내가 비행기 타는 날에 연착하겠어?"라고 생각하고는 항공비용을 줄이기 위해 B항공사티켓을 예매했습니다. 귀하는 시간에 맞춰서 공항에 도착해 탑승수속을 마치고 대기실에서 탑승을 기다리고 있었습니다. 그런데 기다리던 탑승 안내방송은 나오지 않았고 출발시간이 거의 다 되어서 "경유지 폭우로 인한 경유지공항폐쇄 때문에 비행기의 출발시간이 1시간 정도 지연된다."는 안내방송이 나왔습니다. 귀하는 당황해서 B항공사 데스크에 찾아갔습니다.

B항공사의 데스크에 찾아가자마자 항공사 직원은 이미 기다리고 있었다는 듯이 매우 죄송스러운 표정을 지으며, "회사사정으로 비행기가 지연 출발하게 되어 매우 죄송하다."면서 "제가 최대한 시드니에 빨리 갈 수 있는 다른 항공편을 찾아보겠으며, 일단 저희 회사 다음 비행기로 예약해 드리겠습니다."라고 말하면서 귀하를 안심시켰다. 그리고 출발지연에 대한 보상이라면서 향후 항공권 구매 시 30%의 할인권과 공항면세점의 상품권(만 원 상당)을 그 자리에

서 귀하에게 주면서 여러 차례 죄송하다는 말을 했습니다. 또한 "앞으로 이런 일이 없도록 하겠습니다."라고 약속하며 "더 도와 드릴 사항이 없습니까?"라고 친절하게 물어보았다.

S14: 심각성 낮음 + 통제불가능 + 과정회복노력 높음 + 결과회복노력 낮음

귀하께서 개인 사업을 하기 위해 호주로 출장하고자, 오늘 출발하는 시드니행 비행기 티켓을 2일 전에 예매했습니다. 시간에 맞춰 시드니로 갈 만한 항공편이 A, B 두 항공사가 있고, 그중 A항공사는 우수한 서비스로 알려져 있고 가격도 B항공사보다 10만 원 정도 비싼 반면에 B항공사는 서비스수준이 비교적 떨어지고 연착이 가끔 발생한다는 소문이 있지만 가격이 저렴한 것으로(A보다 10만 원 정도 저렴) 알려져 있습니다. 귀하는 "서비스수준이 좀 미흡하면 어때, 설마 운이 그렇게 나쁠까 내가 비행기 타는 날에 연착하겠어?"라고 생각하고는 항공비용을 줄이기 위해 B항공사티켓을 예매했습니다. 귀하는 시간에 맞춰서 공항에 도착해 탑승수속을 마치고 대기실에서 탑승을 기다리고 있었습니다. 그런데 기다리던 탑승안내방송은 나오지 않았고 출발시간이 거의 다 되어서 "경유지 폭우로 인한 경유지공항의 잠시폐쇄 때문에 비행기의 출발시간이 1시간 정도 지연된다."는 안내방송이 나왔습니다. 귀하는 당황해서 B항공사 데스크에 찾아갔습니다.

B항공사의 데스크에 찾아가자마자 항공사 직원은 이미 기다리고 있었다는 듯이 매우 죄송스러운 표정을 지으며, "회사사정으로 비행기가 지연 출발하게 되어 매우 죄송하다."면서 "제가 최대한 시드

니에 빨리 갈 수 있는 다른 항공편을 찾아보겠으며, 일단 저희 회사 다음 비행기로 예약해 드리겠습니다."라고 말하면서 귀하를 안심시켰다. 그리고 출발지연에 대한 보상으로 B항공사의 회원카드가 있는 경우 향후 항공권 구매 시 30%의 할인권을 드리나 귀하는 회원이 아니기 때문에 항공료할인권을 드릴 수 없다면서 다만 공항면세점의 상품권(만 원 상당)을 그 자리에서 귀하에게 주면서 여러 차례 죄송하다는 말을 했습니다. 또한 "앞으로 이런 일이 없도록 하겠습니다."라고 약속하며 "더 도와드릴 사항이 없습니까?"라고 친절하게 물어보았다.

S15: 심각성 낮음 + 통제불가능 + 과정회복노력 낮음 + 결과회복노력 높음

귀하께서 개인 사업을 하기 위해 호주로 출장하고자, 오늘 출발하는 시드니행 비행기 티켓을 2일 전에 예매했습니다. 시간에 맞춰 시드니로 갈 만한 항공편이 A, B 두 항공사가 있고, 그중 A항공사는 우수한 서비스로 알려져 있고 가격도 B항공사보다 10만 원 정도 비싼 반면에 B항공사는 서비스수준이 비교적 떨어지고 연착이 가끔 발생한다는 소문이 있지만 가격이 저렴한 것으로(A보다 10만 원 정도 저렴) 알려져 있습니다. 귀하는 "서비스수준이 좀 미흡하면 어때, 설마 운이 그렇게 나쁠까 내가 비행기 타는 날에 연착하겠어?"라고 생각하고는 항공비용을 줄이기 위해 B항공사티켓을 예매했습니다. 귀하는 시간에 맞춰서 공항에 도착해 탑승수속을 마치고 대기실에서 탑승을 기다리고 있었습니다. 그런데 기다리던 탑승안내방송은 나오지 않았고 출발시간이 거의 다 되어서 "경유지 폭우로 인한 경유지공항 잠시폐쇄 때문에 비행기의 출발시간이 1시간 정도 지연된다."는 안내방송이 나왔습니다. 귀하는 당황해서 B항공사 데스크에 찾아갔습니다.

B항공사 데스크에 찾아가자 항공사 직원은 전화통화를 하고 있었는데 2분이나 지나고 전화를 끊고 지연출발이 보통 있는 일인 듯한 표정을 지으며, "늦어서 죄송하지만 이해해주시기 바랍니다."라고 한마디만 하고는 다른 특별한 행동 없이 소극적인 태도를 취했습니다. 태도도 별로 친절하지 않았습니다. 이에 화가 나 "중요한 사업 때문에 제시간에 시드니에 도착해야 되는데 …… 어떻게 해야 합니까? 빨리 조치를 취해야죠?"라고 항의하자 그 직원은 하는 수 없다는 듯이 "제가 책임자가 아니라서 어떻게 해드릴 수가 없고, 먼저 책임자와 연락해야 하니 잠시만 기다려 주십시오." 하고는 5분 후쯤 다시 나타나 "곧바로 떠날 수 있는 다른 항공편을 예약해 드리겠습니다. 그리고 저희 회사의 다음 비행기에 대기자 명단에 올려 드리겠습니다."라고 말했다. 귀하는 "그러면 출발지연에 대해 뭔가 보상을 해주셔야 되는 것 아니냐?"고 다그치자 그 직원은 "이런 경우에는 고객들에게 30% 항공료할인권과 공항면세점 상품권(만 원 상당)을 드릴 것이니 저희 회사의 고객서비스 창구에서 받으시면 되겠습니다."라고 얘기하고는 다른 승객을 상대하기 위해 서둘러 고개를 돌렸다.

S16: 심각성 낮음 + 통제불가능 + 과정회복노력 낮음 + 결과회복노력 낮음

귀하께서 개인 사업을 하기 위해 호주로 출장하고자, 오늘 출발하는 시드니행 비행기 티켓을 2일 전에 예매했습니다. 시간에 맞춰 시드니로 갈 만한 항공편이 A, B 두 항공사가 있고, 그중 A항공사는 우수한 서비스로 알려져 있고 가격도 B항공사보다 10만 원 정도 비싼 반면에 B항공사는 서비스수준이 비교적 떨어지고 연착이 가끔 발생한다는 소문이 있지만 가격이 저렴한 것으로(A보다 10만 원 정도 저렴) 알려져 있습니다. 귀하는 "서비스수준이 좀 미흡하면 어때, 설마 운이 그렇게 나쁠까 내가 비행기 타는 날에 연착하겠어?"라고 생각하고는 항공비용을 줄이기 위해 B항공사티켓을 예매했습니다. 귀하는 시간에 맞춰서 공항에 도착해 탑승수속을 마치고 대기실에서 탑승을 기다리고 있었습니다. 그런데 기다리던 탑승 안내방송은 나오지 않았고 출발시간이 거의 다 되어서 "경유지 폭우로 인한 경유지 공항의 잠시 폐쇄 때문에 비행기의 출발시간이 1시간 정도 지연된다."는 안내방송이 나왔습니다. 귀하는 당황해서 B항공사 데스크에 찾아갔습니다.

B항공사 데스크에 찾아가자 항공사 직원은 전화통화를 하고 있었는데 5분이나 지나고 전화를 끊고 지연출발이 보통 있는 일인 듯한 표정을 지으며, "늦어서 죄송하지만 이해해주시기 바랍니다."라고 한마디만 하고는 다른 특별한 행동 없이 소극적인 태도를 취했습니다. 태도도 별로 친절하지 않았습니다. 이에 화가 나 "중요한 사업 때문에 제 시간에 시드니에 도착해야 되는데 …… 어떻게 해야 합니까? 빨리 조치를 취해야죠?"라고 항의하자 그 직원은 하는 수 없다는 듯이 "제가 책임자가 아니라서 어떻게 해드릴 수가 없고, 먼저 책임자와 연락해야 하니 잠시만 기다려 주십시오." 하고는 5분 후쯤 다시 나타나 "곧바로 떠날 수 있는 다른 항공편을 예약해 드리겠습니다. 그리고 저희 회사의 다음 비행기 대기자 명단에 올려

드리겠습니다."라고 말했다. 귀하는 "그러면 출발지연에 대해 뭔가 보상을 해주셔야 되는 것 아니냐?"고 다그치자 그 직원은 "이런 경우에는 회원카드 있는 고객들에게 30% 항공료할인권을 드리나 귀하는 회원이 아니기 때문에 할인권을 드리지 못하며, 다만 공항면세점 상품권(만 원 상당)을 받을 수 있으니 저희 회사의 고객서비스 창구에서 받으시면 됩니다."라고 얘기하고는 다른 승객을 상대하기 위해 서둘러 고개를 돌렸다.

· 저자 ·

김립인 　 • 약 력 •
金立印 　 中國 遼寧大學校 國際經濟學院 졸업
　　　　 배재대학교 대학원 경영학 석사
　　　　 배재대학교 대학원 경영학 박사

　　　　 中國遼寧大學校, 배재대학교 강사
　　　　 나사렛대학교 교양학부 교수
　　　　 　현) 배재대학교 경영학과 교수

　　　　 • 주요논저 •
　　　　 「서비스보증이 고객의 위험지각과 가치지각 및 구매의도에 미치는 영향」
　　　　 「서비스 회복에 대한 공정성 지각과 고객만족 및 행동의도의 관계에 관
　　　　 　한 연구」
　　　　 「서비스 보증과 실패 심각성이 고객의 실패귀인과 회복기대에 미치는 영향」
　　　　 「서비스보증이 종업원의 서비스몰입과 고객지향성에 미치는 영향: 역할
　　　　 　지각과 책임지각의 매개효과」
　　　　 「교육 서비스 품질, 만족 및 전환장벽이 고객충성에 미치는 영향: 국내
　　　　 　대학의 외국인 학생을 중심으로」
　　　　 「서비스 회복에 대한 기대 수준의 결정요인」
　　　　 「Customer's Expectations of Service Recovery: Antecedents and the
　　　　 　Effect on Customers Satisfaction」
　　　　 「A Brand Equity Driving Model Based on Brand Personality and
　　　　 　Brand Identification」
　　　　 「A study on Service Failure Reasons and Effects of Recovery
　　　　 　Strategy Using CIT」
　　　　 「Service Supply Chain Management, Customer Satisfaction and
　　　　 　Business Performance」

　　　　 외 다수

서 비 스 실 패

: 어떻게 회복할 것인가?

· 초판 인쇄	2006년 10월 30일
· 초판 발행	2006년 10월 30일
· 지 은 이	김립인
· 펴 낸 이	채종준
· 펴 낸 곳	한국학술정보㈜
	경기도 파주시 교하읍 문발리 526-2
	파주출판문화정보산업단지
	전화 031) 908-3181(대표) · 팩스 031) 908-3189
	홈페이지 http://www.kstudy.com
	e-mail(출판사업부) publish@kstudy.com
· 등 록	제일산-115호(2000. 6. 19)
· 가 격	12,000원

ISBN 89-534-5832-3 93320 (Paper Book)
      89-534-5833-1 98320 (e-Book)